从入门到十五级棋士

谢军国际象棋教程

谢军 著

人民邮电出版社
北京

图书在版编目（CIP）数据

谢军国际象棋教程. 从入门到十五级棋士 / 谢军著
. -- 北京 : 人民邮电出版社, 2023.7
ISBN 978-7-115-61058-4

Ⅰ. ①谢… Ⅱ. ①谢… Ⅲ. ①国际象棋－教材 Ⅳ.
①G891.1

中国国家版本馆CIP数据核字(2023)第023915号

免责声明

作者和出版商都已尽可能确保本书技术上的准确性以及合理性，并特别声明，不会承担由于使用本出版物中的材料而遭受的任何损伤所直接或间接产生的与个人或团体相关的一切责任、损失或风险。

内容提要

国际象棋是世界上最流行的智力运动项目之一，融汇了人类历史的文明精华，是行之有效的教育工具。孩子学下国际象棋，不仅可以有效开发智力、启迪思维，还能养成胜不骄、败不馁的坚韧品格。

本书是世界国际象棋联合会副主席、“棋后”谢军编写的“谢军国际象棋教程”系列中的第一本，旨在帮助初学者走入充满乐趣的国际象棋殿堂。书中按照《中国国际象棋协会棋士等级称号条例（2018版）》中对十五级棋士的水平要求编写，细致讲解了国际象棋的棋盘、棋子的摆放、6种棋子的走法、将军与将杀、和棋的类型、棋子交换与价值、棋手应具备的品行与修养，以及国际象棋的比赛规则。通过对本书的学习，读者可以掌握从入门到十五级棋士应具备的国际象棋基础知识与技术。

◆ 著　　　谢　军
责任编辑　裴　倩
责任印制　马振武

◆ 人民邮电出版社出版发行　　北京市丰台区成寿寺路11号
邮编　100164　　电子邮件　315@ptpress.com.cn
网址　https://www.ptpress.com.cn
北京瑞禾彩色印刷有限公司印刷

◆ 开本：700×1000　1/16
印张：7.5　　　　　　2023年7月第1版
字数：133千字　　　　2023年7月北京第1次印刷

定价：39.80元

读者服务热线：(010)81055296　印装质量热线：(010)81055316
反盗版热线：(010)81055315
广告经营许可证：京东市监广登字20170147号

前言

国际象棋从被创造出来至今，已有近两千年的历史。这一时间长河见证了古代文化与现代文明的渐进传承与发展。

国际象棋是世界上最流行的智力运动项目之一，是行之有效的教育工具，融合了人类历史文明的精华。学习国际象棋不仅可以有效开发智力，启迪思维，还能养成胜不骄、败不馁的坚韧品格。棋手在以棋会友的过程中，在和谐友好的氛围中比拼，国际象棋的每一步都体现了科学的严谨、艺术的创造和体育的竞争。

本书是“谢军国际象棋教程”系列的第一本，旨在帮助初学者走入充满乐趣的国际象棋殿堂，帮助读者从国际象棋的门外汉成长为可以独立对弈的棋手。当你刚开始学习国际象棋时，可能会遇到一些规则和知识的理解问题，甚至会忘记刚刚学过的知识点，这都是初学者常见的情况。但是随着学习的深入，对规则和基础知识的理解和适应也会随之增强。需要提醒的是，在初学阶段你需要有耐心、灵活运用所学知识：一方面对规则和基础知识应采取以接纳为主的态度，不要擅自发挥“创造力”和“理解力”；另外一方面要善于把“死”知识用“活”，合理地运用在棋局中。

初学国际象棋，需要把握重点、掌握难点，并且努力实现每天进步一点点的小目标。完成了本书的学习之后，相信国际象棋将在你的面前展示出不一样的、令人无法抗拒的魅力。

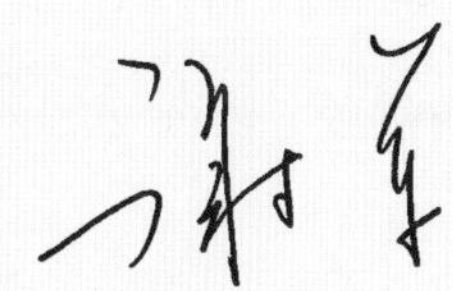

目录

第1课
踏入
国际象棋的
世界

学习目标

1 了解国际象棋的起源

2 认识棋盘、棋子和行棋规则

国际象棋的起源

相传国际象棋起源于公元6世纪古代印度一种名为“恰图兰卡”的智力游戏，国际象棋展现的是人类文明的大智慧。据说当时有一个国王很骄傲，做决策时独断专行且很少考虑臣民的利益。一位聪明的谋士为了帮助国王明白“君王与臣民是一家”的道理，特意发明了模拟两支军队进行战斗的棋局游戏。棋局规则规定王是最主要的棋子，一旦王被对方将杀，棋局立见胜负，但是王自身的进攻威力并不大。如此一来，下棋时必须把尽可能多的棋子调动起来协同作战，才能形成强大的力量。

国际象棋由此走入人们的生活，经过一千多年的演变，成为当今世界最为流行的智力运动项目之一，被誉为“智慧的体操”和“人类智力试金石”。

本课内容

国际象棋是思维的比拼，是世界上最流行的智力运动项目之一。下棋能够启迪智慧，给生活增添乐趣。

下棋只需要一副棋子。你可以与朋友来一局，也可以与计算机较量一把。只要你愿意，不分男女老幼，在任何地方都可以下国际象棋。

国际象棋的棋盘由64个颜色深浅间隔的小方块组成，32个棋子摆放在棋盘中的方格里；棋子分成黑、白两方，两方棋子数量相同（图1）。

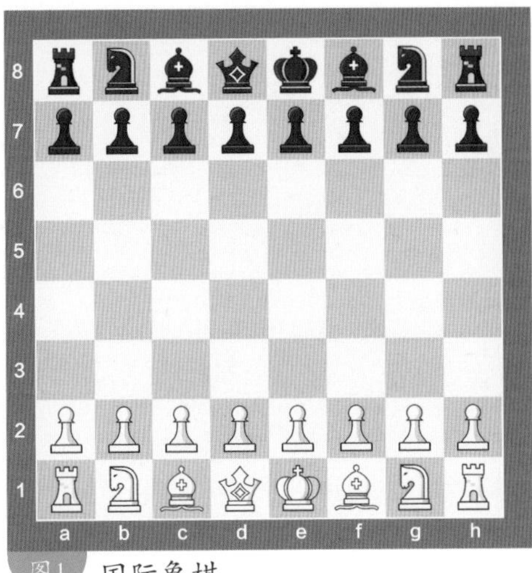

图1 国际象棋

知识讲解

要点1：认识棋盘

图2 国际象棋棋盘

国际象棋棋盘是一个大大的正方形（图2）：横着看棋盘，每行有8个格子；竖着看棋盘，每列也有8个格子。小格子排在一起组成8条横线和8条竖线。人们习惯把浅色的格子称作白格，深色的格子称作黑格。下棋时，棋子在格子里行进。

国际象棋的棋盘可以用不同材料制成，大小也没有规定，但棋盘必须是正方形、深浅相间的64格。

要点2：认识棋子

国际象棋的棋子可漂亮了！对局开始之前，每一方有16个棋子，棋子有6种，分别是王、后、象、马、车、兵（图3）。

图3 认识棋子

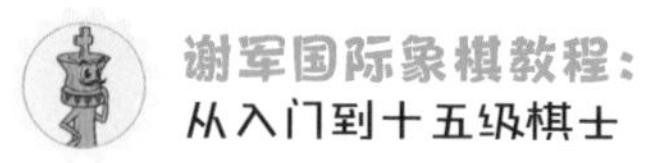

 要点3：行棋规则

下棋时，执白棋选手称为白方，执黑棋选手称为黑方。白方先走，黑方后走，双方轮流各走一步棋。两名棋手指挥自己的“棋子战队”进行比拼，直到棋局分出结果。

课后练习

1 通过课程学习或其他渠道了解国际象棋知识。

2 用自己的语言描述你心中的国际象棋，说一说棋盘、棋子的特点。

3 说一说图a所示是否是国际象棋。

图a

4 小游戏：在图b的空白正方形中描黑其中32个格子，自己画一个国际象棋棋盘。

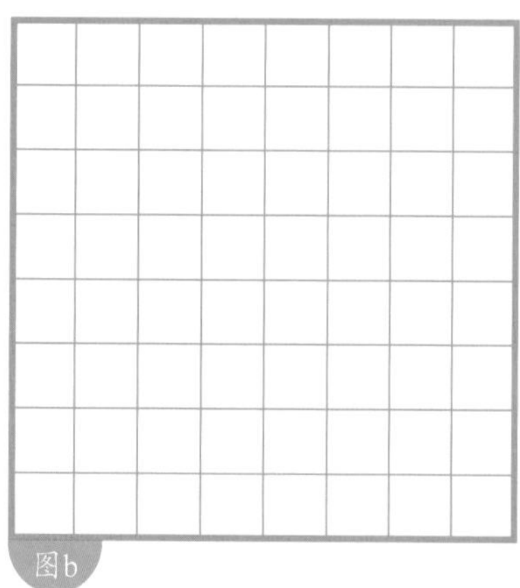

图b

指导说明：国际象棋棋盘由64个黑白（深浅）相间的正方形小格子组成，棋盘的右下角必须是白格。

5 说一说图c棋盘上棋子的名称。

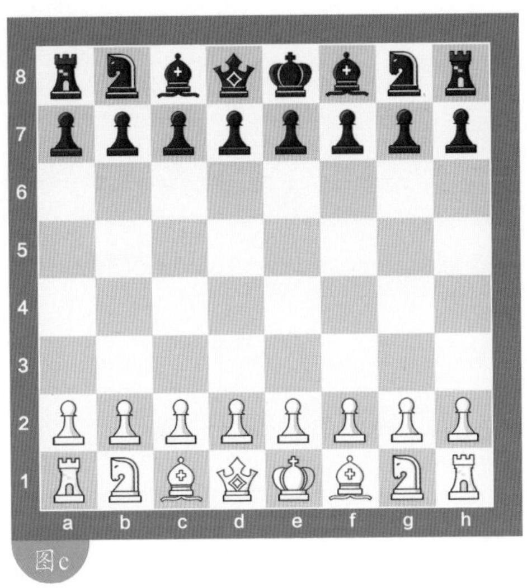

图c

学会下国际象棋并不难，只要掌握相关规则就称得上会下棋了。但是，如果你想成为一名高水平的棋手，一定要学会动脑筋。

第2课
棋子的摆放
与走法
——车、象、后的走法

学习目标

1 学会正确摆放棋子

2 掌握车、象、后的走法

棋盘大不大

在64个格子的“战场”能发生什么？

请你试着在棋盘中的第一个格子上放1粒小米，第二个格子上放2粒，第三个格子上放4粒……每一次在后面格子上放小米的数量是前面的一倍。看一看，摆到哪个格子的时候，家里装小米的袋子就空了。

这是一个经典的故事。如果把棋盘上的64个格子都摆满小米，你会得到一个天文数字！下棋时，棋子就在64格棋盘上自由行动，棋局千变万化！

本课内容

学会正确摆放棋子。如果棋子摆错了，棋局就没了章法。

掌握车、象、后的走法。

知识讲解

要点1：棋盘摆放要求

车放在棋盘的4个角，白方、黑方各有2个车（图1）。

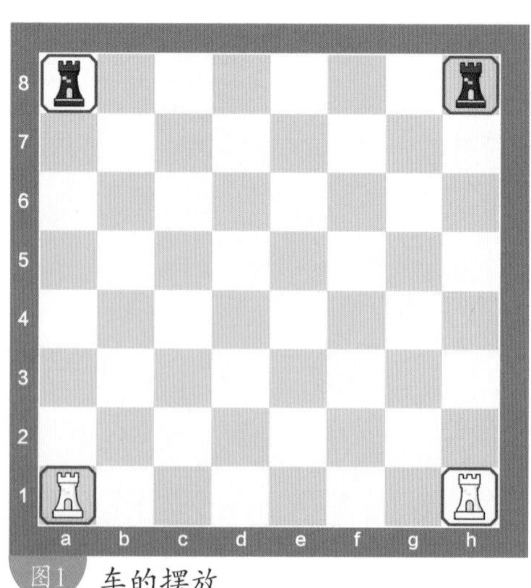

图1 车的摆放

马放在车的旁边，白方、黑方各有2

个马（图2）。

图2 马的摆放

象放在马的旁边，白方、黑方各有2个象（图3）。

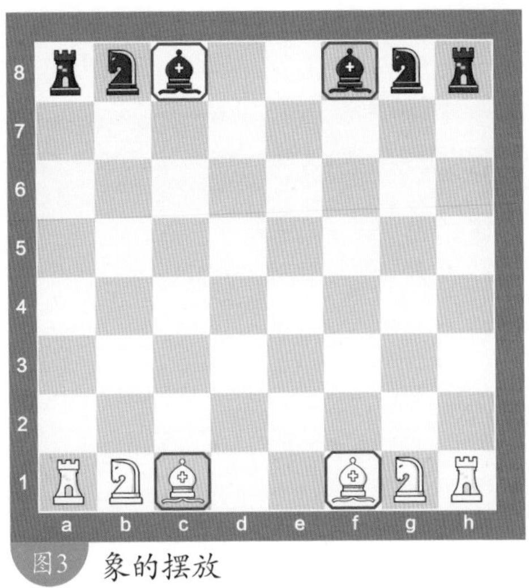

图3 象的摆放

后放在象的旁边，白方的后放在白（浅色）格，黑方的后放在黑（深色）格，白方、黑方各有1个后（图4）。

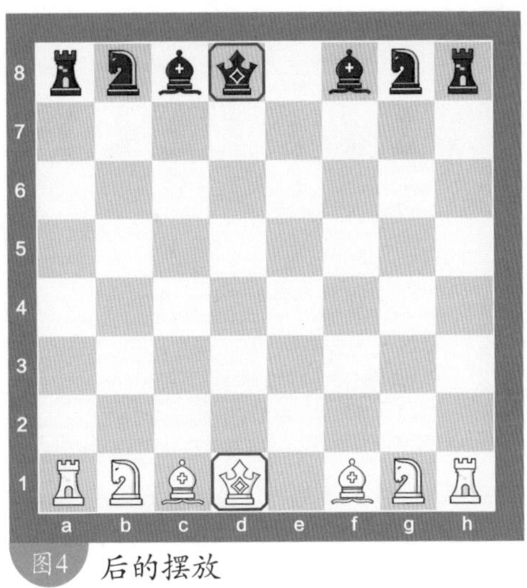

图4 后的摆放

王放在后的旁边，白方的王放在黑（深色）格，黑方的王放在白（浅色）格，白方、黑方各有1个王（图5）。

图5 王的摆放

兵横排摆在棋盘的次底线上，白方、黑方各有8个兵（图6）。

图6 兵的摆放

我们把棋子摆好（图7），就可以准备开战啦!

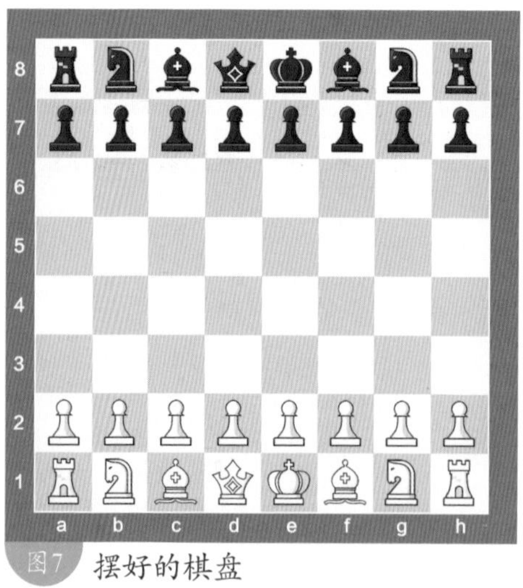
图7 摆好的棋盘

棋子摆放儿歌

车的家在棋盘角，旁边站着大骏马，
象在马旁站得稳，棋盘中央后和王。
白后的家在白格，黑后的家在黑格。
小兵八个排排站，每方一步轮流下。

要点2：棋子的走法——车

车可以横着走，也可以竖着走，当行棋路线上没有其他棋子阻挡时，行动不限格数（图8）。

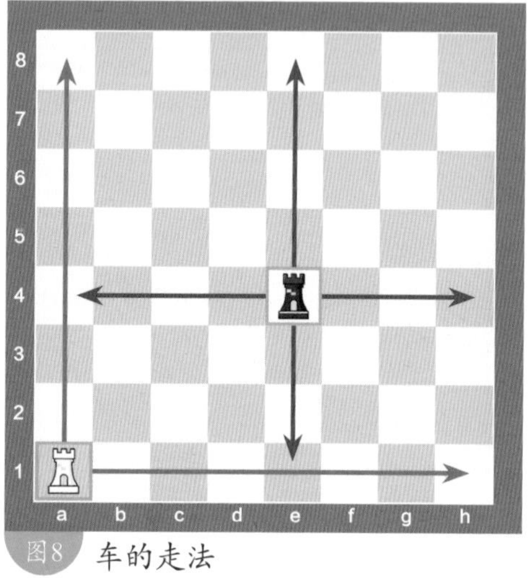
图8 车的走法

车行动时，棋手可以选择一次走一格，也可以选择一次走到棋盘上相同直线上任意可以到达的格子里。

吃子，就是消灭对方的棋子，将对方的棋子从棋盘上拿走的行动。吃子时，把对方的棋子从棋盘上拿掉，再用吃它的棋子占有被吃棋子的格子。吃子与走棋不一样，但都是一步（着）棋。

车的吃法与走法相同，它能够吃掉行棋路线上的对方棋子。但如果车的行棋范围内存在己方其他棋子，车不能越过它们消灭对方棋子。

图9的局面中，白车能吃黑兵、黑象，

但无法吃黑车、黑后，因为行棋路线上有棋子阻挡；同理，白车也不能走到其他有⃠标记的格子里。

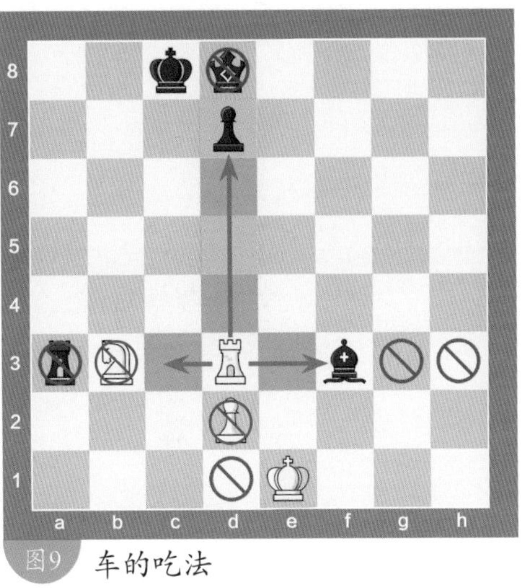
图9 车的吃法

要点3：棋子的走法——象

象沿着斜线行动，当行棋路线上没有其他棋子阻挡时能够从棋盘的一头远程攻击到棋盘的另一头，行动时不限格数（图10）。

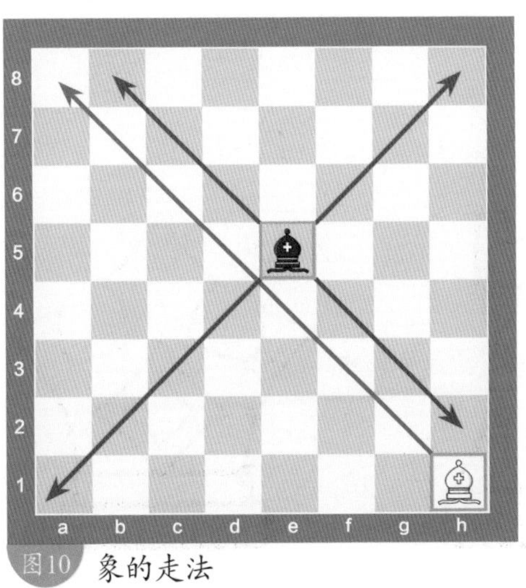
图10 象的走法

象行动时，棋手可以选择一次走一格，也可以选择一次走到棋盘上相同斜线上任意可以到达的格子里。

象的吃法与走法相同，它能够吃掉行棋路线上的对方棋子。但如果象的行棋范围内存在其他棋子，象不能越过它们，不论这些棋子是己方的还是对方的棋子。

图11的局面中，白象能够吃黑兵，但不能吃黑车和黑后，因为行棋路线上有棋子阻挡；同理，白象也不能走到其他有⃠标记的格子里。

图11 象的吃法

要点4：棋子的走法——后

后的走法就好比车和象的总和。后可以像车一样走直线，也可以像象一样走斜线，也就是说后可以横着走、竖着走，也可以斜着走。后行动时，棋手可以选择一次走一格，也可以选择一次走到棋盘上相同直线、横线或斜线上任意可以到达的格子里（图12）。

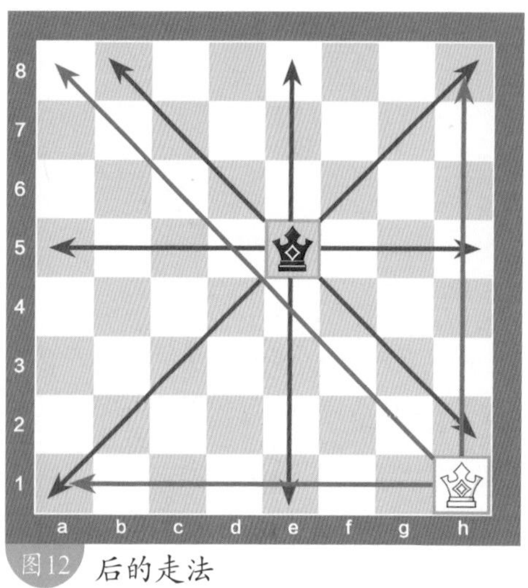

图12 后的走法

后在棋盘中心的时候可以控制27个格子（车14格+象13格），而处于棋盘角落的时候可以控制21个格子（车14格+象7格）。

后的吃法与走法相同，它能够吃掉行棋路线上的对方棋子。但如果后的行棋范围内存在其他棋子，后不能越过它们，不论这些棋子是己方的还是对方的棋子。

图13的局面中，黑后能够吃白兵，但不能吃白后和白车，因为行棋路线上有棋子阻挡；同理，黑后也不能走到其他有⊘标记的格子里。

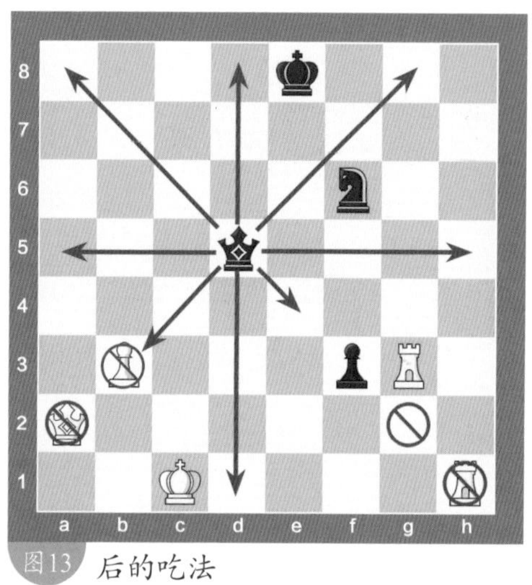

图13 后的吃法

课后练习

1 小游戏。

1.1 画棋子（车、后）。

请用你最喜欢的颜色给车和后涂色，再说一说车和后的走法特点。

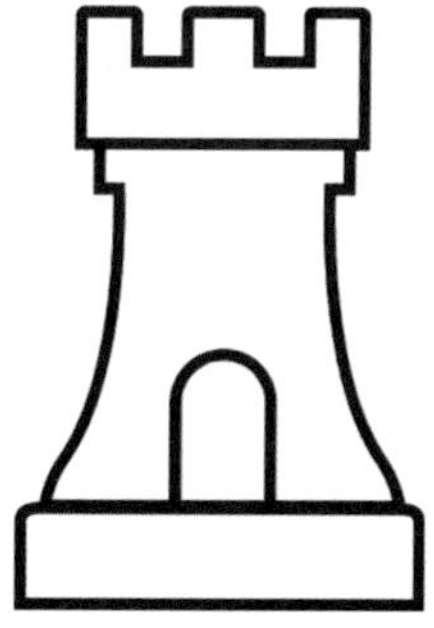

1.2 折纸。

准备一张彩纸，按照车的样子折一个城堡。

第❶步：准备一张正方形的纸片，沿着对角线对折，把纸片折成三角形。	
第❷步：沿三角形的中线对折，留下痕迹后打开三角形，把三角形的一个底角折向顶角，翻到背面，把三角形的另一个底角折向顶角，这时三角形变成了正方形。	
第❸步：抓住正方形的顶点，拉开，使正方形左右两边的角贴在一起，将正方形变成三角形，三角形的长边朝下。	顶面
第❹步：把三角形的两个底角折向顶角，翻到背面，把三角形的另两个底角折向顶角。	
第❺步：撑开正方形右侧的三角形，上方的角往下拉，折成正方形，左侧三角形同此操作。翻到背面，执行同样的操作。	
第❻步：将两个正方形的角翻折上去，翻到背面，另一面执行同样的操作，形成一个“小房子”。	(小房子)
第❼步：将“小房子”右侧折向左侧，翻到背面，将“小房子”右侧折向左侧，折出一个表面平整的“小房子”。	
第❽步：将“小房子”的两边折向中线，翻到背面，另一面执行同样的操作。	

第⑨步：将变窄的“小房子”右侧折向左侧，翻到背面，再将变窄的“小房子”右侧折向左侧。	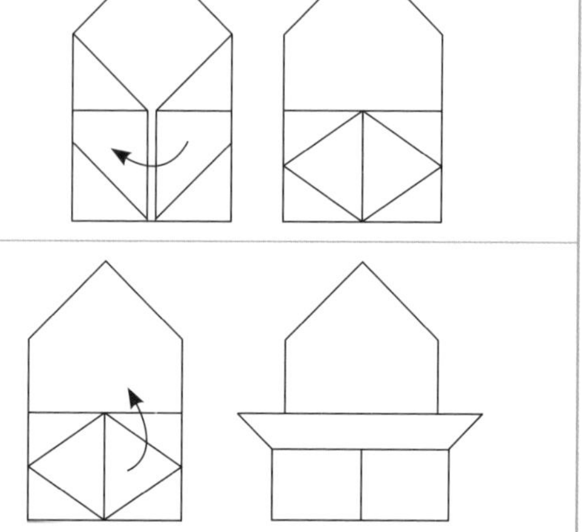
第⑩步：将底边中线上的角往上推，形成一艘“小船”，翻一个面，另一面执行同样的操作。此时，一个“城堡”制作完成。	

2 图a中棋子摆放的位置是不是正确的？如果发现错误，将错误的地方用笔标出来，为它找到正确的位置。

3 练习棋子摆放，做到熟练地将32个棋子摆放到正确的位置上。

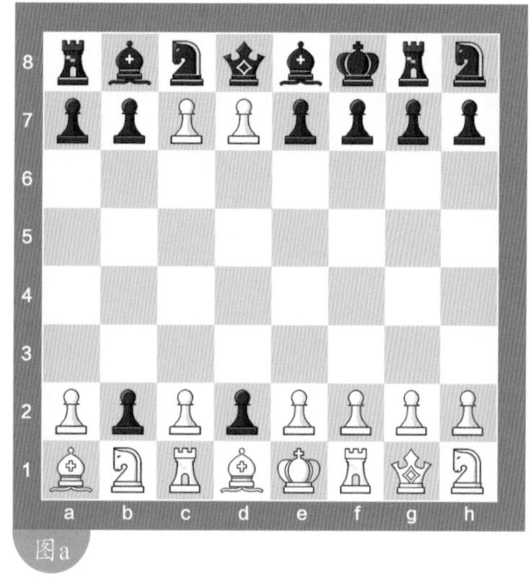

图a

冠军课堂

牢记棋子的数量、摆放位置特点。国际象棋棋盘是正方形的，棋手如果马虎，就很容易把棋子位置摆错。车、象、后沿着线路行棋，可以抵达远距离的位置，因此被称作具有远射程功效的棋子。

第3课
王的安全与
棋子走法
——王、马、兵的走法

学习目标

1 学会王、马、兵的走法

2 牢记保证王的安全在棋局中最关键

趣味小知识

国际象棋与中国

公元前五千年以前，中国出现了8×8的线图，这在甘肃永昌鸳鸯池遗址出土彩陶绘图有着翔实的记载。由此可以断定，公元前10世纪前就有了“六博”。孔子（公元前551年—前479年）曾道“不有博弈者乎”，这里的“博弈”指的是六博和围棋。公元6世纪发明的“象戏”和唐代“百宝象棋”基本相同——都使用8×8（64格）棋盘，棋子为立体造型且在棋盘的格子中行动，这些特征与国际象棋极其相似。

本课内容

学会快速且正确摆放棋子的方法并熟练掌握。

掌握王、马、兵的走法。

知识讲解

要点1：棋子的走法——王

王可以横着走、竖着走，也可以斜着走，每次只能走一个格子（图1）。

因为王行动时可以走到它紧挨着的周边格子，所以学习王的走法时，可以把王想象成受限制的后，可以横着、竖着、斜着行动。

不同位置的王可以控制的格子数量不同，角落里的王可以控制3格；边线上的王可以控制5格；其他位置的王可以控制8格（图1）。

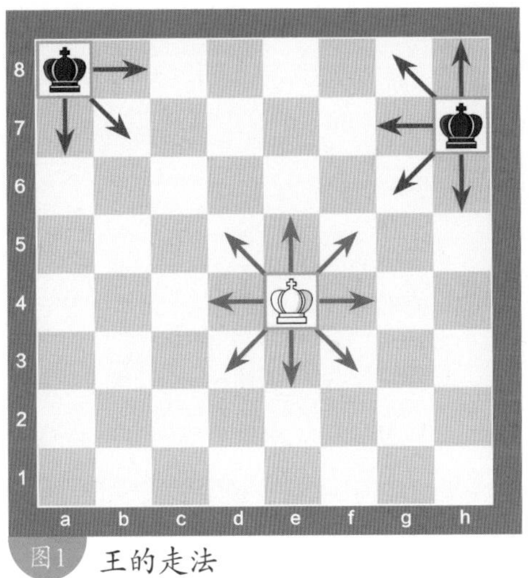

图1 王的走法

王的吃法与走法相同，它能沿横线、直线和斜线方向消灭对方棋子。

要点2：王的安全

记住，国际象棋对局中保证己方王的安全是最高法则，一方的王被将杀，另一方就获胜。规则规定，王不能走到受对方棋子攻击的格子上去，王受到对方棋子攻击时，也必须马上应对，脱离对方棋子的攻击。

图2中双方的王能去哪些格子？

答案如图3所示，“√”代表王能去的格子，“×”代表王不能去的格子。

请你核对一下，你给出的答案和图3所示的答案一样吗？

想一想，为什么有的格子王可以去，有的格子王就不可以去。

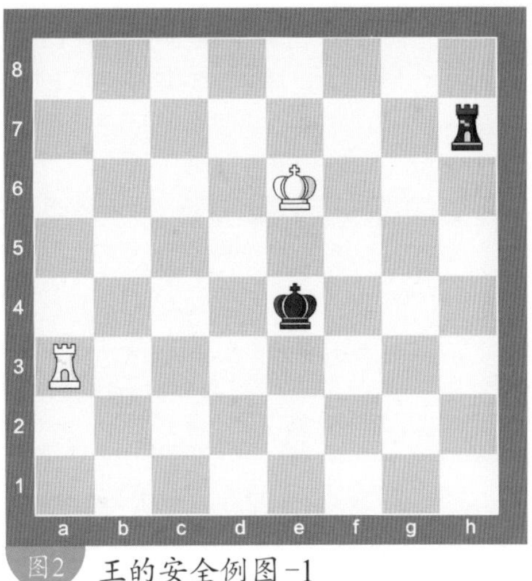

图2 王的安全例图-1

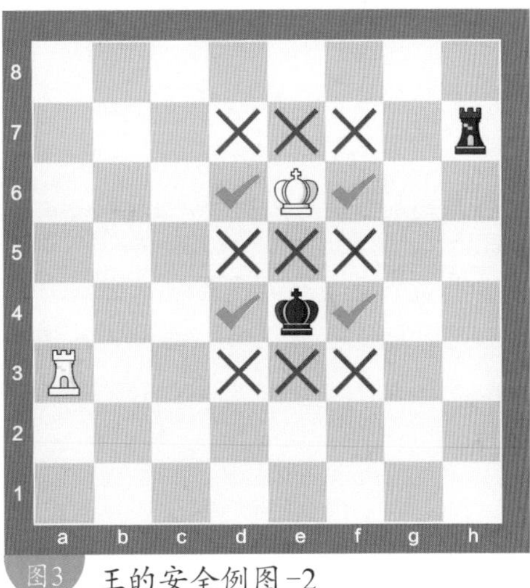

图3 王的安全例图-2

要点3：棋子的走法——马

马的走法很特别，可跨越几个格子“蹦蹦跳跳”行动，就像走“L”形（图4）。可以用下面的方法来记忆马的走法：

第一种是走马的时候先直走1格或横走1格，再按初始位置的前进方向斜走1格，然后将马放到那个格子上；

第二种是走马的时候先直走2格或横走2格，再平行走1格，然后将马放到那个格子上。

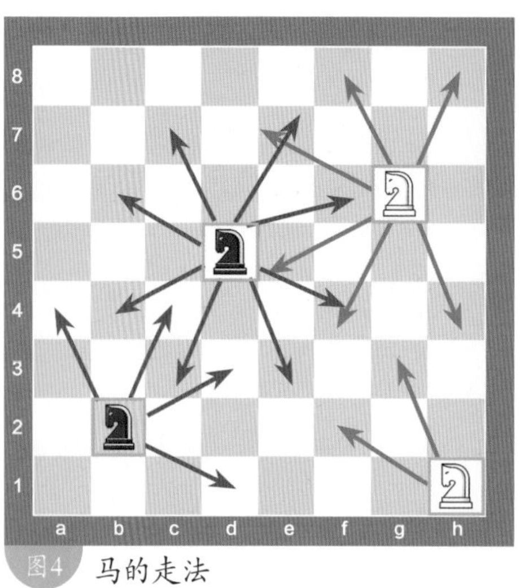

图4 马的走法

国际象棋的马行进时，没有中国象棋的“蹩马腿”一说，即在马经过的格子上，如果有己方或对方的棋子，都可以越过去（图5）。

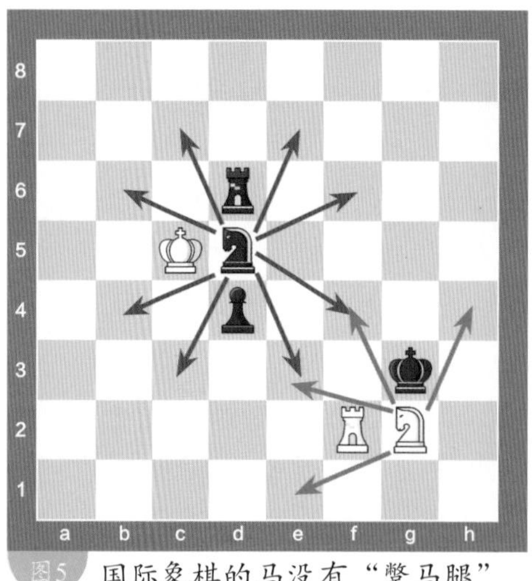

图5 国际象棋的马没有“蹩马腿”一说

马的吃法与走法相同，它能够吃掉行棋路线上的对方棋子，而且马还能跳过其他棋子吃子。马是国际象棋中唯一一个可以跳着走子和吃子的棋。

要点4：棋子的走法——兵

兵是国际象棋里唯一一个只能前进，不能后退或横着走的棋子。如果其他棋子走错了位置，可以有机会朝不同方向调整，但是兵不能。兵只能向前行进。

兵在初始位置时第一步可选择走一格或两格，以后每步只能走一格。兵也是国际象棋里唯一一个吃法与走法不同的棋子。兵只能往右或往左的线路上向前斜走一格吃掉对方的子（图6）。

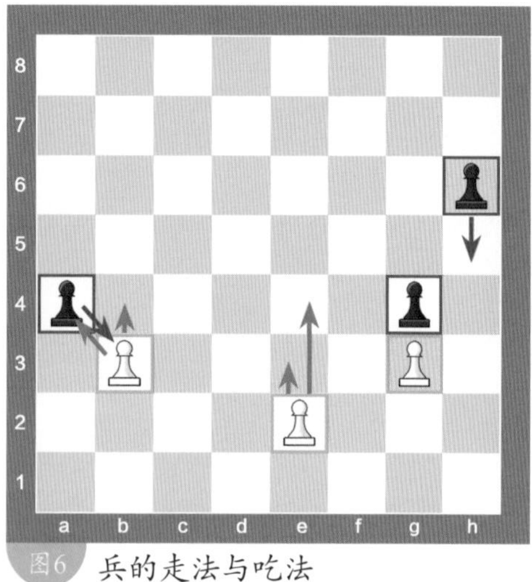

图6 兵的走法与吃法

兵是棋盘上数量最多的棋子，下棋时经常会遇到这样的情景：兵处于互吃的状态（例如图6左侧的黑兵与白兵），此时该吃还是不该吃，该走还是不该走？棋手需要临场做出决定。

课后练习

1 考考你的记忆力。

1.1 请你比较图a和图b，在半分钟之内找出这两张棋图之间的差别，并用笔做标记。

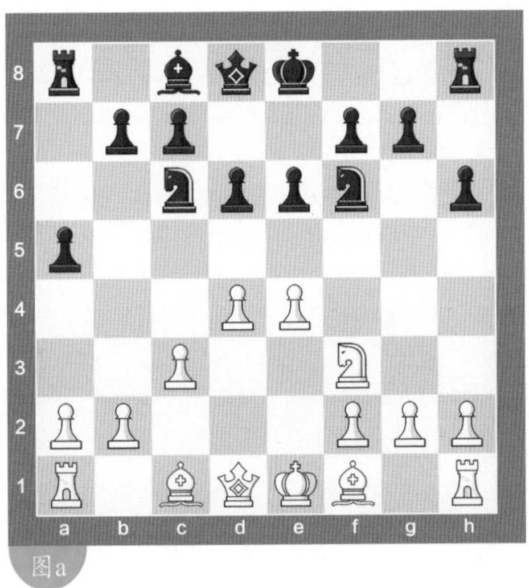
图a

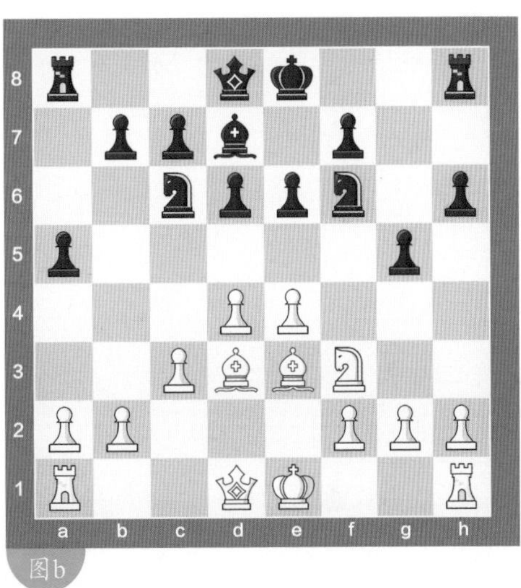
图b

1.2 请看图c 1分钟，然后不看图在空棋盘上将棋子摆出来。摆好之后进行对照，把用时和对错情况记下来。

用时__________秒。

摆对__________个棋子。

摆错__________个棋子。

图c

2 请你将图d中双方棋子可以走到的格子用笔标出来。

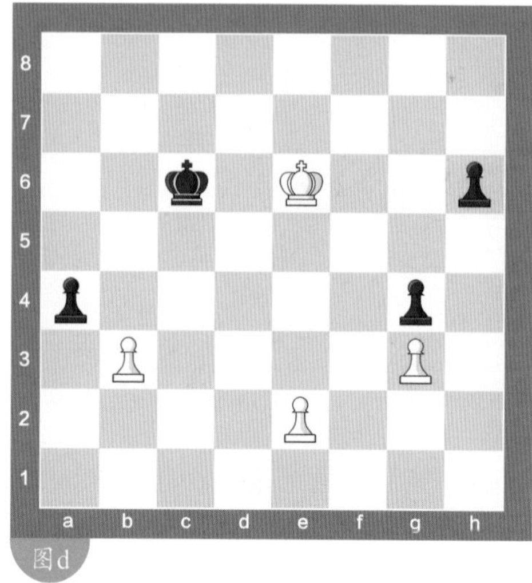
图d

3 请你把图e中马可以走到的格子用红笔标出来，王可以走到的格子用黑笔标出来。

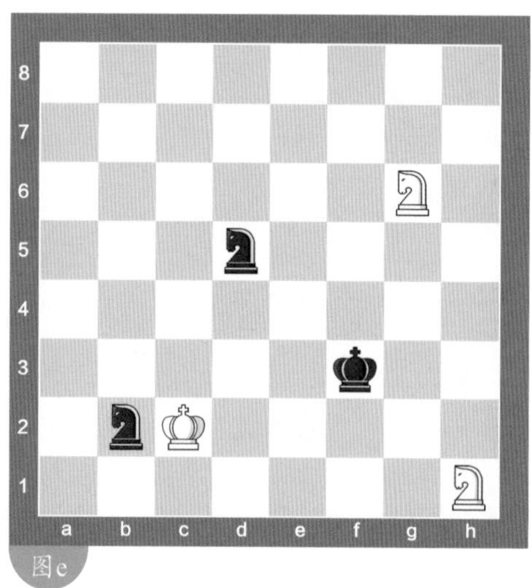
图e

冠军课堂

国际象棋里的王可以走到棋盘的任意一个格子，但要牢记保证王的安全，因为王的存亡决定一局棋的胜负。

准备走动王的时候，首先看看王即将去的格子是否正受到对方棋子的攻击，国际象棋规则不允许王走到对方棋子控制的格子中。

第4课
记录方法

学习目标

1 掌握棋盘上格子的名称

2 学会记录的方法

丰富的棋文化内涵

国际象棋在传播的过程中，不断发生演变，不同风土文化在棋局中得以显现。例如，在棋子的名称和设计方面，象在印度军队中是力量的象征，在欧洲这个棋子形象就被主教替代。棋盘上马的原型是骑士，车的原型由战车变为城堡。此外，后的威力大大提升，体现了女性社会地位的变化。兵起步时可以选走两格，以及升变和吃过路兵等，均与当时的文化相关。

到了16世纪，国际象棋定型为今日的规则和样式。

本课内容

掌握棋盘区域划分知识。

熟悉棋盘的坐标，学会做棋局记录和看棋谱。

知识讲解

 要点1：棋盘格子的名称

棋盘上的每一个格子都有自己的“名字”，即格子的名称。与这些名字交朋友，就可以轻松掌握棋子位置的信息。

棋盘上每一个格子都由一个字母和一个阿拉伯数字组成的定位标示。

棋盘的横排标着英文字母a、b、c、d、e、f、g、h，竖排标着阿拉伯数字1、2、3、4、5、6、7、8。这些英文字母和阿拉伯数字组合起来标记了棋盘上每个格子（图1）。

	a	b	c	d	e	f	g	h
8	a8	b8	c8	d8	e8	f8	g8	h8
7	a7	b7	c7	d7	e7	f7	g7	h7
6	a6	b6	c6	d6	e6	f6	g6	h6
5	a5	b5	c5	d5	e5	f5	g5	h5
4	a4	b4	c4	d4	e4	f4	g4	h4
3	a3	b3	c3	d3	e3	f3	g3	h3
2	a2	b2	c2	d2	e2	f2	g2	h2
1	a1	b1	c1	d1	e1	f1	g1	h1

图1 棋盘格子的名称

要点2：棋子所在位置

记录棋盘上格子位置时，将英文字母放在前面，阿拉伯数字跟在后面。比如在g线上，从下到上8个格的名称分别是g1、g2、g3、g4、g5、g6、g7、g8；在d线上，则是d1、d2、d3……d8。当表示某一个棋子在某一个格子上的时候，将在这一格的棋子的名称放在最前面。

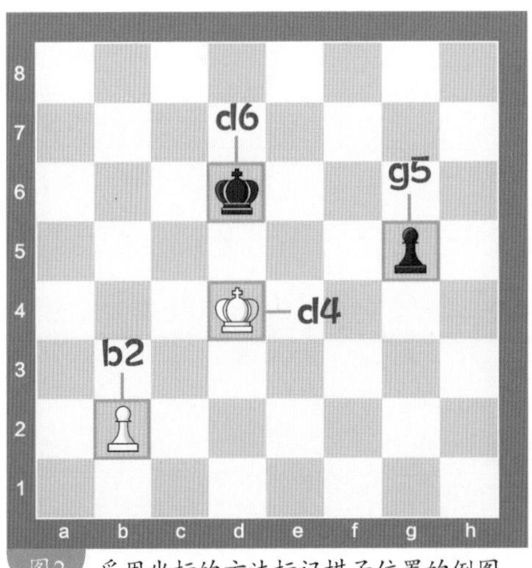

图2 采用坐标的方法标记棋子位置的例图

采用坐标的方法标记棋子位置，由此我们知道图2中，白方的兵在b2、王在d4，黑方的兵在g5、王在d6。

要点3：棋盘的分区

讲解棋局时，通常把棋盘划分为王翼、中心和后翼3个区域（图3）。棋子在不同区域行动的特点鲜明，掌握棋盘分区的知识，有助于我们更好地认识棋局战法特点，理解并接受新的知识。

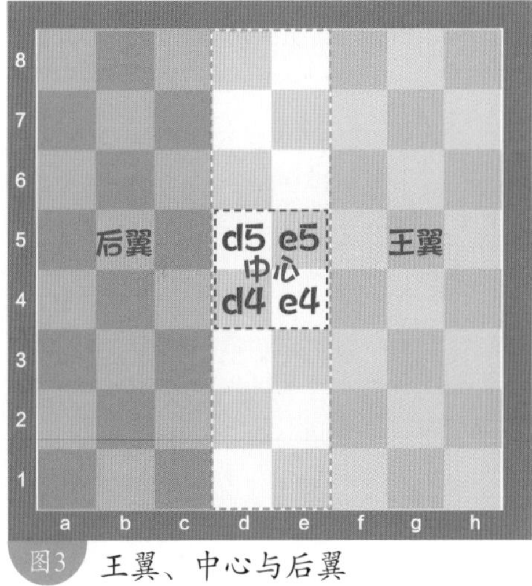

图3 王翼、中心与后翼

图3上用线围起来的d4、d5、e4、e5组成的区域称为“中心”。由a、b、c三条直线组成的区域称为“后翼”（更接近后的部分）；由f、g、h三条直线组成的区域称为“王翼”（更接近王的部分）。

要点4：棋盘上的线路

棋盘上的线路有3类：直线、横线和斜线（图4）。

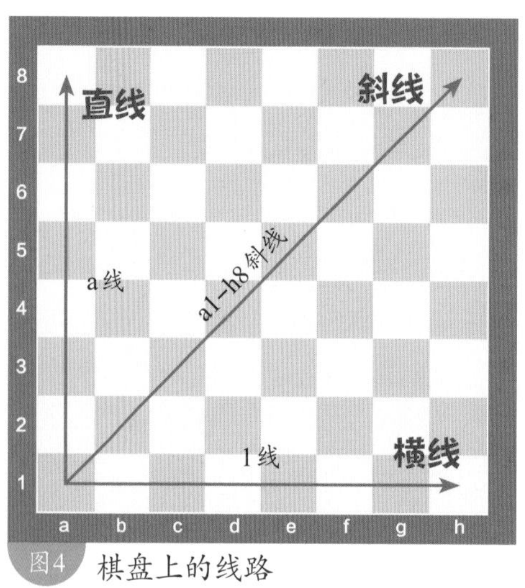

图4 棋盘上的线路

直线，用字母标示，例如a线、b线、f线等。

横线，用数字来标示，例如2线、3线、4线等。

斜线，用这条线路两端的格子名称（起点和终点）来标示，例如a1-h8斜线、c1-h6斜线、g1-a7斜线、a7-b8斜线等。

 要点5：棋子的名称

记录棋局时，棋子的名称表述也有规范要求。

♔，中文用“王”，英文用“K”（来自英文单词King）来表示。

♕，中文用“后”，英文用“Q”（来自英文单词Queen）来表示。

♖，中文用“车”，英文用“R”（来自英文单词Rook）来表示。

♗，中文用“象”，英文用“B”（来自英文单词Bishop）来表示。

♘，中文用“马”，英文用“N”（来自英文单词Knight）来表示。

♙，中文用“兵”，英文用P（来自英文单词Pawn）来表示。**注意，兵的走法在对局记录时一般只记棋盘上格子的位置，省略棋子名称。**

“×”表示吃子，“+”表示将军，“#”表示将杀。

本书中，我们用中文汉字来表示棋子。

课后练习

1 考考你的记忆力。

1.1 请你比较图a和图b，在半分钟之内找出这两张棋图之间的差别，并用笔做标记。

图a

图b

1.2 记棋盘上棋子的位置。

请看图c 1分钟，然后不看图在空棋盘上将棋子位置摆出来。摆好之后进行对照，把用时和对错情况记下来。

用时______________秒。

摆对______________个棋子。

摆错______________个棋子。

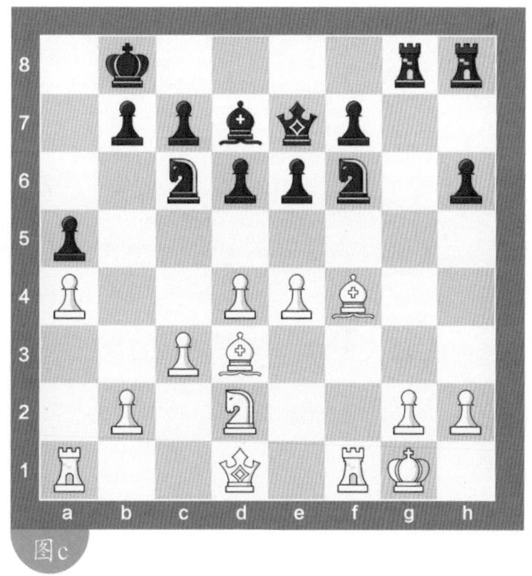
图c

2 请你按照棋谱摆棋，看看15回合和25回合之后，棋局是不是形成图d和图e给出图形的样子。

1.e4 e5 2.象c4 马f6 3.马c3 c6 4.马ge2 d5 5.e×d5 c×d5 6.象b3 马c6 7.d4 e4 8.0–0（请将白王放到g1格，h1格的白车放到f1格）象e6 9.a3 h6 10.马f4 g5 11.马×e6 f×e6 12.象e3 马e7 13.f3 马f5 14.后e2 象d6 15.f×e4 马×e3（图d）

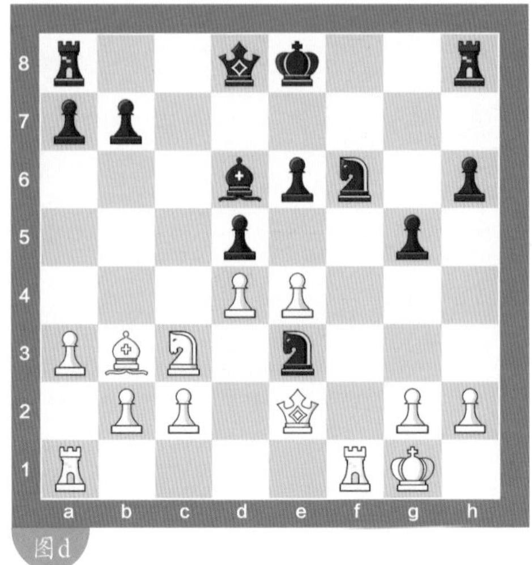

图d

16.后 ×e3 象 ×h2+ 17.王h1 象c7 18.e×d5 0–0（把黑王放到g8格，把h8车放到f8格）19.d×e6后e7 20.d5后d6 21.后h3 马g4 22.马b5 e5 23.马 ×c7车×f1+ 24.车×f1 马f2+ 25.车×f2后e1+（图e）

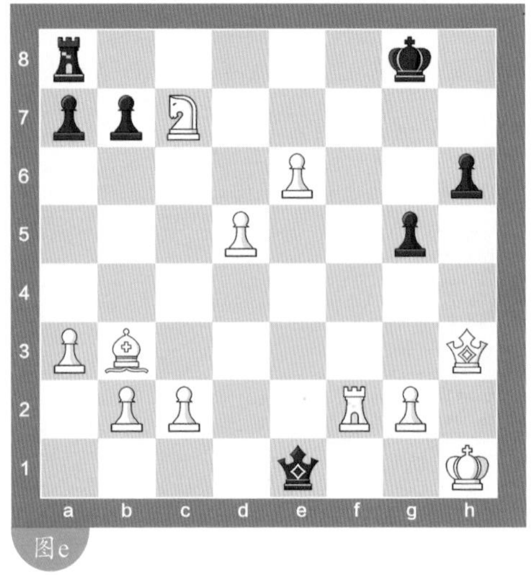

图e

冠军课堂

记录棋盘上格子位置时，把英文字母放在前面，阿拉伯数字跟在后面。英文字母和阿拉伯数字组合在一起，就可以表示格子的名称。用英文字母表示棋子是国际惯例，不同国家通常采用本国语言来表述棋子名称。

第5课
兵的特殊走法

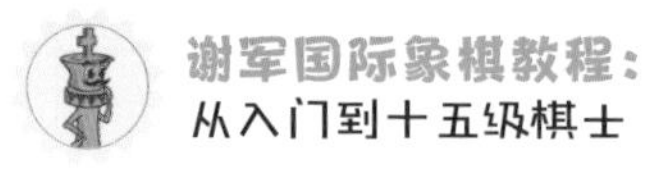

学习目标

1 掌握兵的特殊走法——升变和吃过路兵

2 全面熟练掌握兵的走法，特别注意兵直走斜吃以及在原始位置时的走棋特点

国际象棋的传播

国际象棋起源于东方文明古国，经历了漫长的演变，走向世界。作为代表性的智力游戏，国际象棋通过贸易、战争和宗教等多种渠道，沿印度－波斯－中亚－阿拉伯国家－欧洲的传播路线，最终形成现代的规则和下法。国际象棋在11世纪末已经在欧洲各国流行起来，国际象棋与骑术、游泳、射箭、击剑、狩猎、作诗并列为骑士教育的七大必修科目。

本课内容

正确认识和掌握兵的升变技巧，吃过路兵的技巧和要求。

知识讲解

要点1：兵升变

兵一路前行走到对方底线时，这个兵可以立刻变成己方的后、车、马或者象中的一个。升变成为哪个棋子由棋手选择，但不能升变成王，也不能选择不升变。

图1中白兵再向前挺进1步就会到达黑方底线。

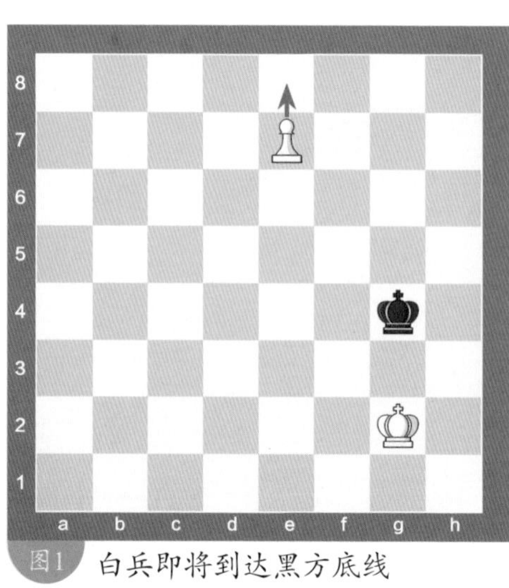

图1 白兵即将到达黑方底线

此时白方必须选择将白兵升变为后、车、马、象中的一个（图2）。

图2 白兵可升变的棋子

白方选择升变为后（图3），记为1.e8=后。

图3 白兵升变为白后

白方顺利完成兵的升变，小兵变为后，白方棋子的实力大大增强。

要点2：学会选择最佳走法

兵升变的条件是己方的兵抵达对方的底线。这种走法包括向前挺进，也包括消灭对方的棋子抵达底线。

图4中白方的d7兵既可以通过消灭黑马抵达底线升变，又可以通过消灭黑后抵达底线升变，选择哪一步棋好呢？

图4 白兵应如何升变

假如白方的兵选择消灭黑方c8的马升变（图5），接下来会发生什么？

黑方可以用位于e8的后消灭白方c8的后。白方兵升变后没有获得明显收益（图6）。

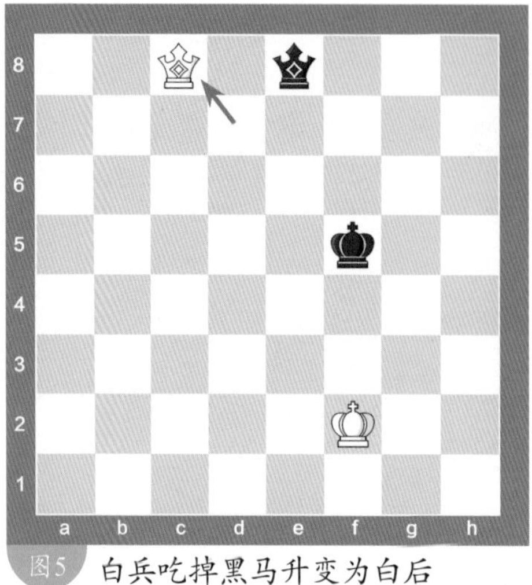
图5 白兵吃掉黑马升变为白后

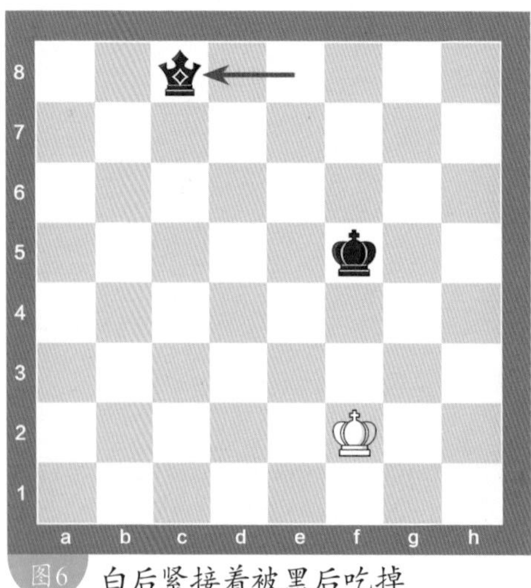
图6 白后紧接着被黑后吃掉

而如果白方选择消灭黑方e8的后实现升变，白后在e8很安全，白兵升变成功（图7）。

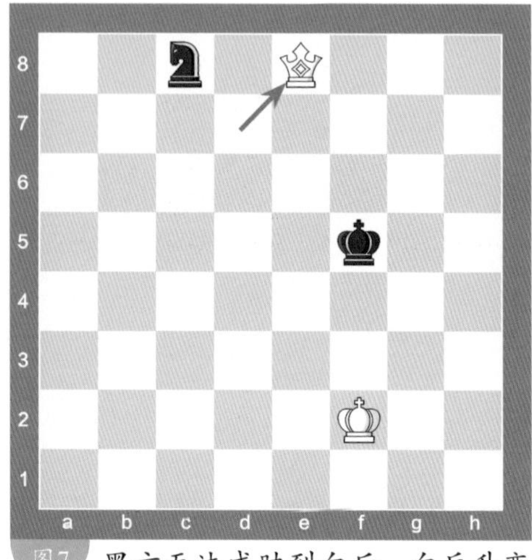
图7 黑方无法威胁到白后，白兵升变成功

要点3：吃过路兵的过程

“吃过路兵”是一种特殊的走法，与一般的棋子走法和吃子方法相比，吃过路兵的情况就像半路杀出个程咬金。

吃过路兵是指一方位于原始位置的兵向前挺进两格时，对方相邻线路的兵（与挺进兵处于平行状态的位置）可以在下一步立刻选择向前沿着斜线走吃掉这个兵。

图8中白方的兵走到第5横线位置，黑方的d兵处于初始位置，满足“一方位于原始位置”和“对方兵在相邻线路上”这两个条件。

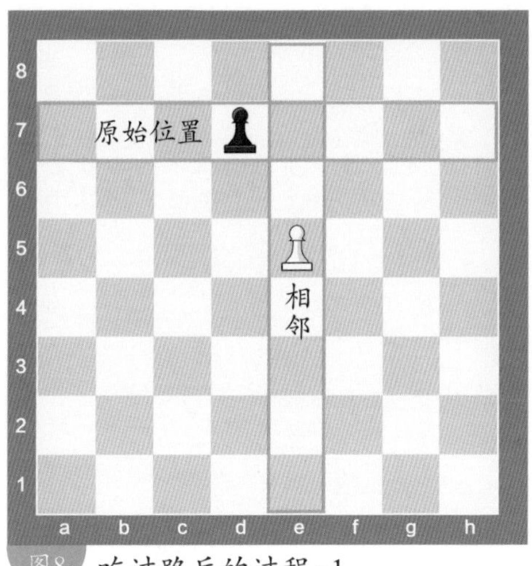

图8 吃过路兵的过程-1

接下来，如果黑方d7兵向前挺进两格走到d5（图9）。

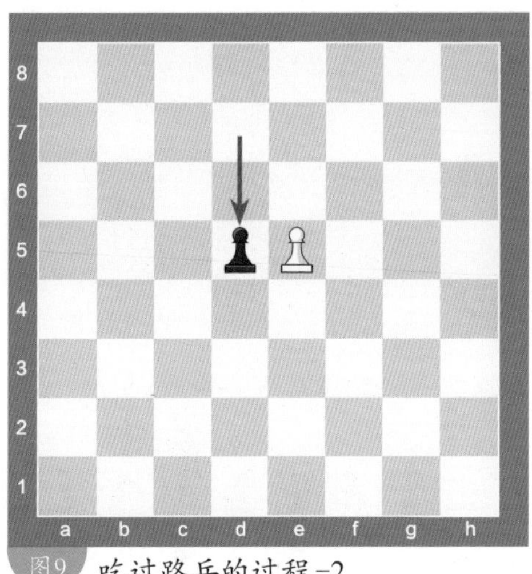

图9 吃过路兵的过程-2

此时，白方可以运用吃过路兵的方法消灭黑方的d5兵，也可以不吃兵，挺兵走到e6，还可以选择停留在e5。

白方决定采取吃过路兵的走法消灭黑方的d5兵，白兵斜行一个格走到d6（图10）。

图10 吃过路兵的过程-3

白方采取吃过路兵的走法，吃掉黑方位于d5的兵，吃过路兵的过程完成（图11）。

图11 吃过路兵的过程-4

要点4：熟练掌握兵的走法

关于兵的走法，主要牢记以下几点。

❶兵第一步可以走1格或2格，以后只能一步走1格。

②兵直走斜吃，向前方行进，不能后退。

③兵的升变是一种特殊走法，兵可以选择升变为后、车、马、象，不可以不升变，也不可以升变为王。

④吃过路兵是一种特殊走法，只能在符合条件时的下一步马上执行，过期作废。

课后练习

1 考考你的记忆力。

1.1 请你比较图a和图b，在半分钟之内找出这两张棋图之间的差别，并用笔做标记。

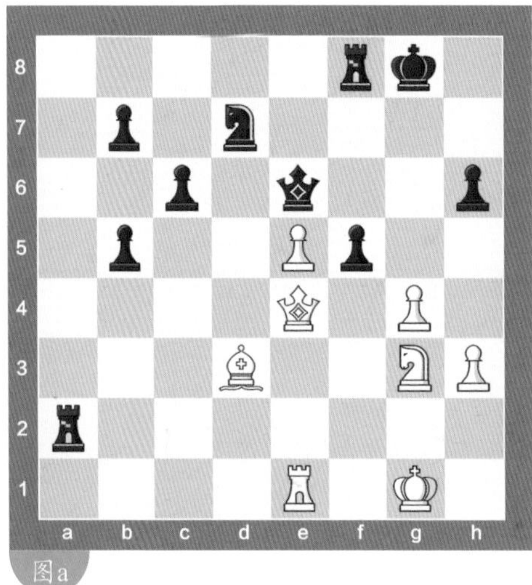
图a

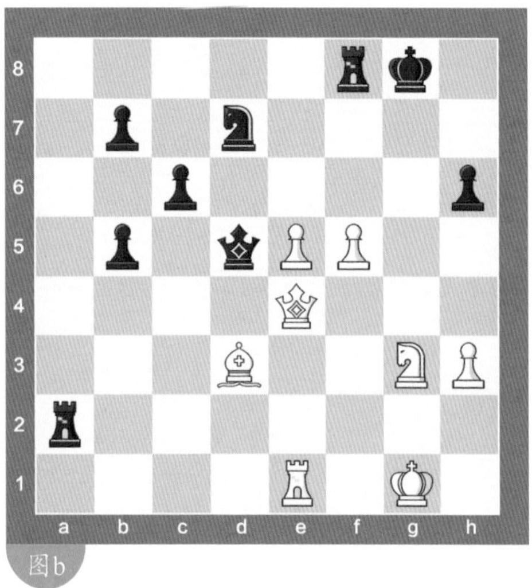
图b

1.2 记棋盘上棋子的位置。

请看图c 1分钟，然后不看图在空棋盘上将棋子摆出来。摆好之后进行对照，把用时和对错情况记下来。

用时＿＿＿＿＿＿＿＿＿＿秒。

摆对＿＿＿＿＿＿＿＿＿＿个棋子。

摆错＿＿＿＿＿＿＿＿＿＿个棋子。

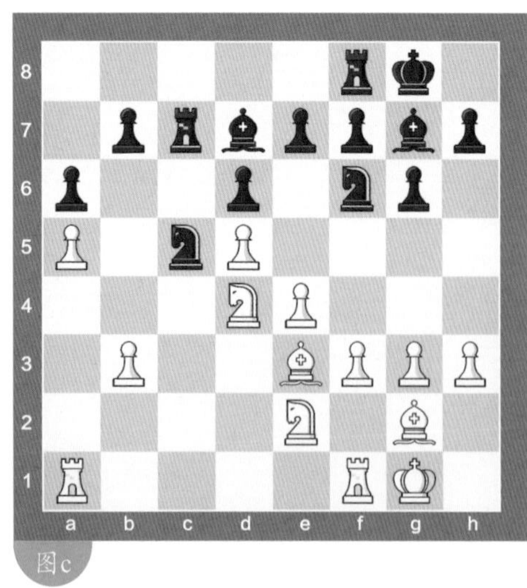
图c

2 请你将图d中双方兵可能升变的走法标出来。

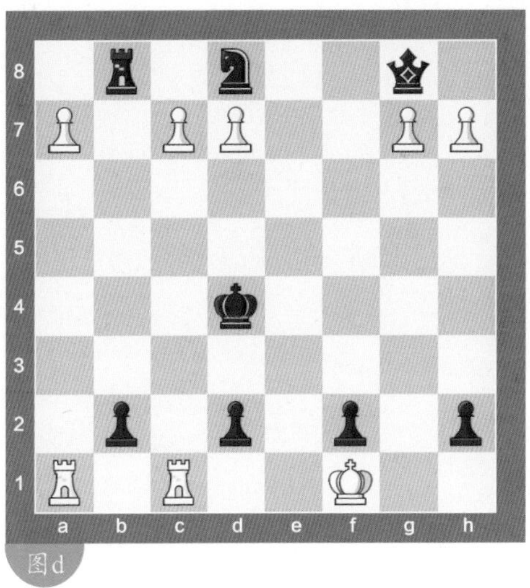
图d

3 图e中黑方的兵刚从c7一步棋走到c5，请问白方走哪一步棋可以吃过路兵？

图e

4 图f中黑方的e7兵向前挺进两格到达e5，白方哪个兵能使用吃过路兵的走法？

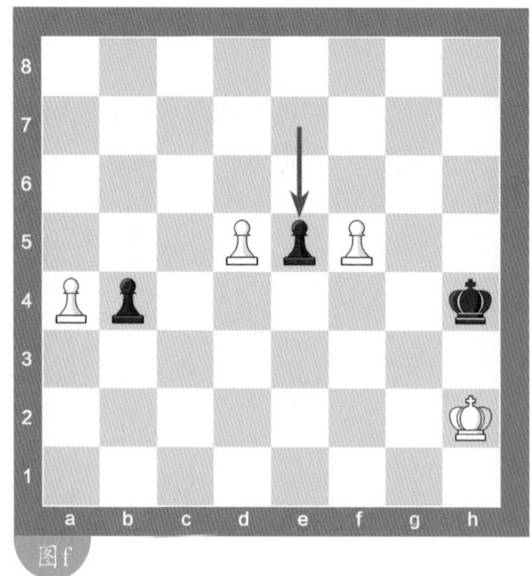
图f

冠军课堂

当兵冲到对方底线的时候，必须升变成后、车、象、马中的一个，不能升变为王，也不能停留在兵的状态。

如果你有机会用过路兵的走法消灭对方的兵，必须马上做决定，否则就会失去这个机会。

第6课
王车易位

学习目标

1 掌握王车易位的走法

2 掌握王车易位所需的条件

丰富的棋文化内涵

500多年前，国际象棋的规则已经基本形成，但是仍没有完全统一。很长一段时间，国际象棋在一些国家和地区仍保留着地方特色，例如棋局开始哪一方先走由临时掷骰子决定。现代国际象棋规则演变过程中，不乏一些争议，比如本课的王车易位走法，因为这是国际象棋走法中唯一可以在一步棋中同时走两个棋子的，所以众说纷纭。规则和下法在演变过程中，有些被保留下来，有些被淘汰。

本课内容

王车易位是快速实现把王走到安全位置的重要手段。

王车易位必须符合相应的条件才能执行。

知识讲解

 要点1：王车易位是什么

王车易位是指在一步棋的过程中同时走动王和车两个棋子，是对弈过程中快速实现王离开中心，走到棋盘侧翼安全位置的重要手段（图1）。

一盘棋中双方都有一次王车易位的机会，走这步棋时可以同时走两个棋子（王和车）。王车易位分为短易位和长易位两种。

白方短易位：白王从e1走到g1，白车从h1走到f1，在一步棋中完成王和车的同步移动（图2）。

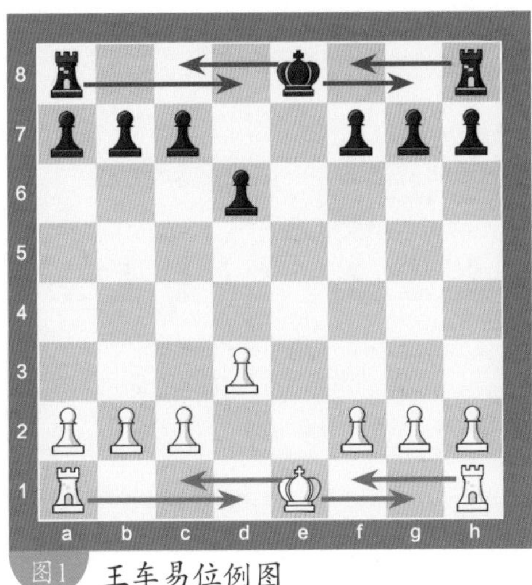
图1 王车易位例图

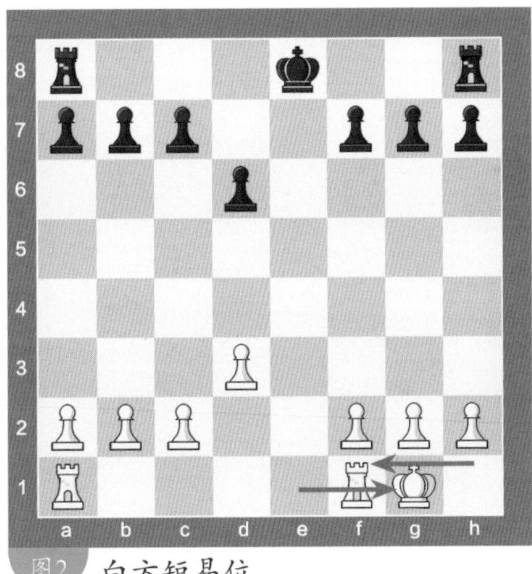
图2 白方短易位

黑方的王从e8走到g8，车从h8走到f8，同样完成了短易位（图3）。双方均完成了短易位。

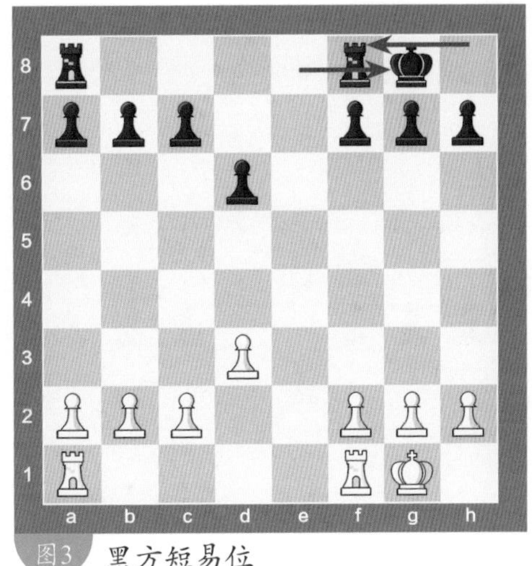
图3 黑方短易位

要点2：长易位的走法

除了短易位之外，例图中的王车易位还有以下几种形式。

白方长易位：白王从e1走到c1，白车从a1走到d1，在一步棋中完成王和车的同步移动（图4）。

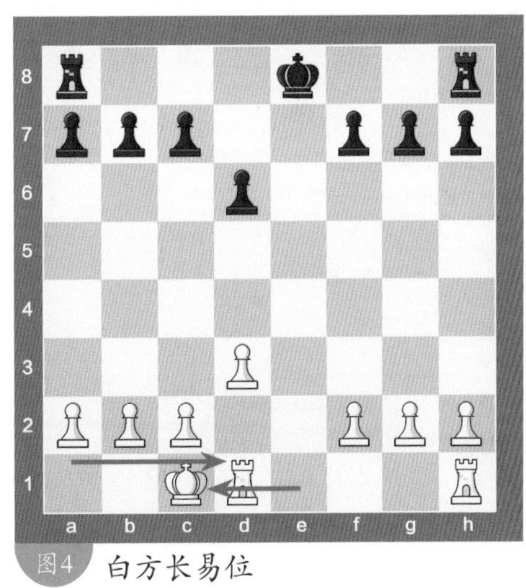
图4 白方长易位

黑王从e8走到c8，黑车从a8走到d8，同样完成了长易位（图5）。双方均完成了长易位。

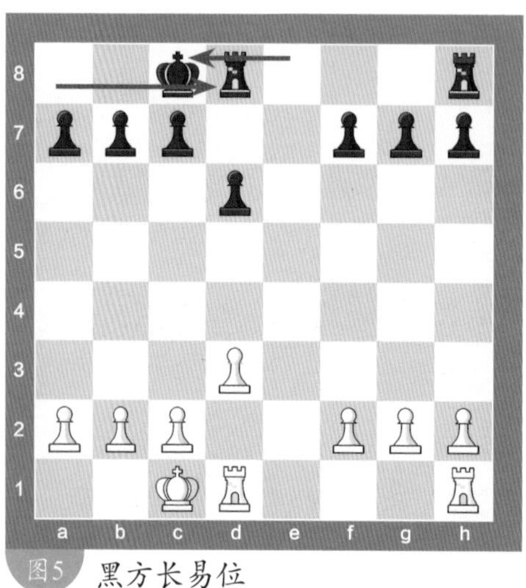

图5 黑方长易位

白方完成长易位，黑方完成短易位（图6）。

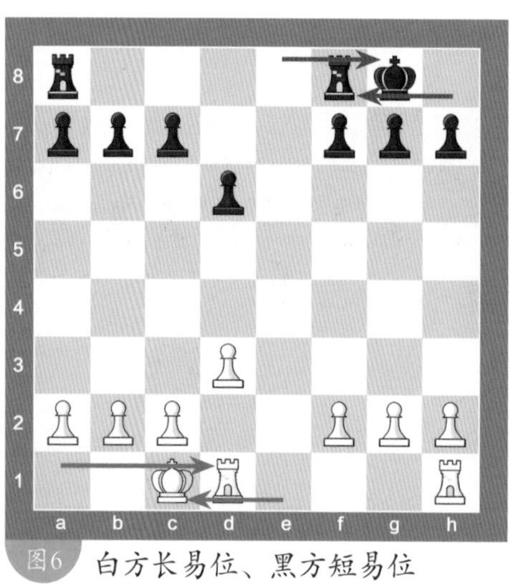

图6 白方长易位、黑方短易位

白方完成短易位，黑方完成长易位（图7）。

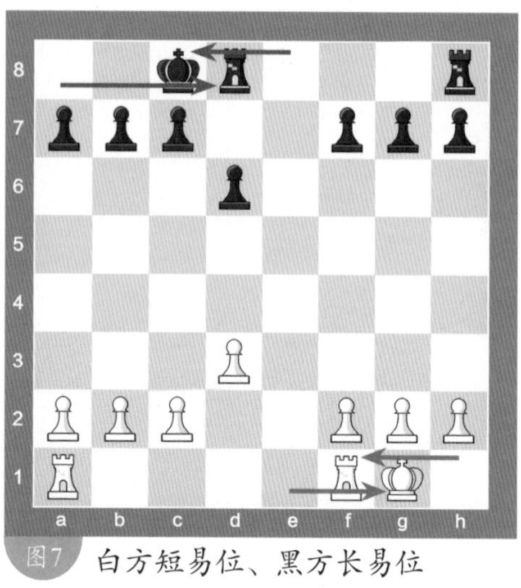

图7 白方短易位、黑方长易位

要点3：王车易位的要求

王车易位并不是在任何时候都可以进行的，走这步棋时棋局必须满足下面几个条件。

①王与车之间的所有位置必须是空的。

②王和车在易位前必须是没有走动过的。

③王在易位时和易位后都不能处于被对方将军的状态（详见下一课关于“将军”的介绍）。

④王车易位时，王经过的格子不能处于被对方控制的状态。

图8的局面中，白后管着f8，黑后管着f1，黑象管着d1，这些都是王易位的必经

格子。因此，黑方只有走长易位才是可行的。

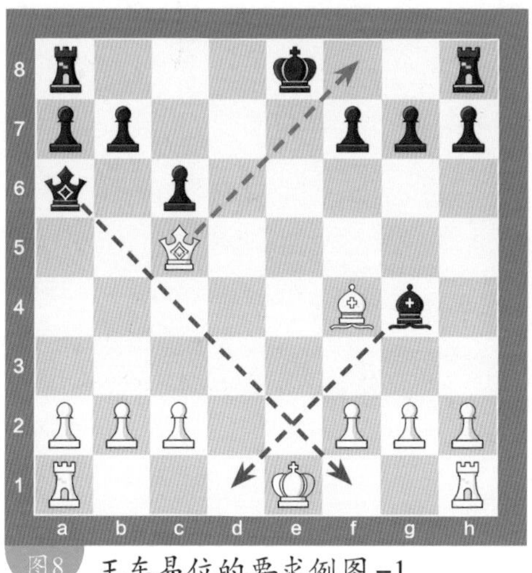
图8 王车易位的要求例图-1

图9的局面中，黑方的王正被白方的车将军，不可以王车易位。

即便此时黑方的王没有被将军，因为后翼上的b8马和c8象还没有出动，也无法实施长易位。

图9 王车易位的要求例图-2

要点4：王车易位的摸子次序

国际象棋规则规定，棋手进行王车易位时，必须先摸王然后动车。如果先动车，就只能走车，不能再动王易位了。

要点5：王车易位的记录方法

白方或黑方走王车易位时，记录方法如下。

短易位：0－0。

长易位：0－0－0。

课后练习

1 考考你的记忆力。

1.1 请你比较图a和图b，在30秒内找出这两张棋图之间的差别，并做标记。

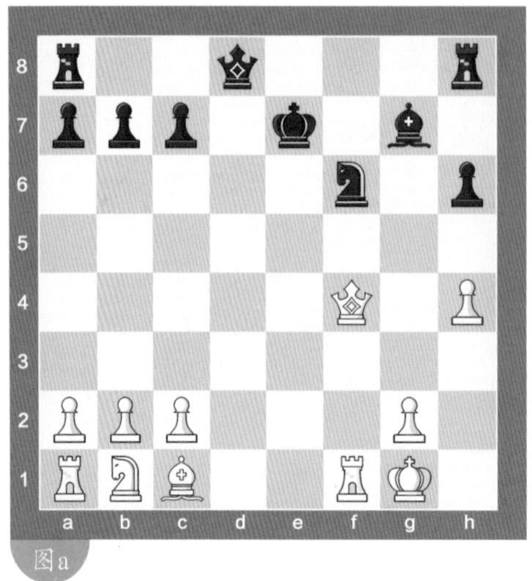
图a

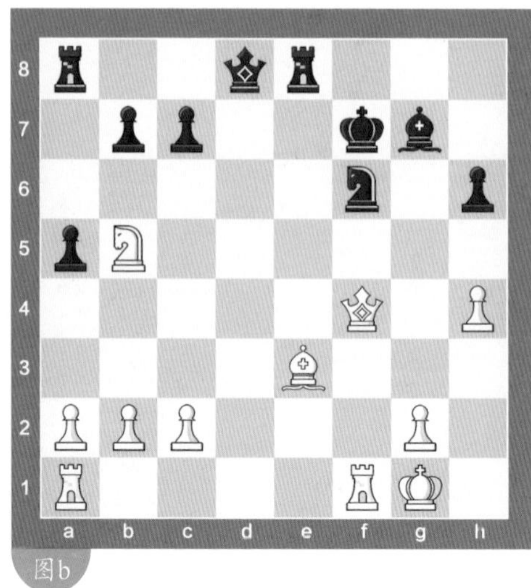
图b

1.2 记棋盘上棋子的位置。

请看图c 1分钟，然后不看图在空棋盘上将棋子摆出来。摆好之后进行对照，把用时和对错情况记下来。

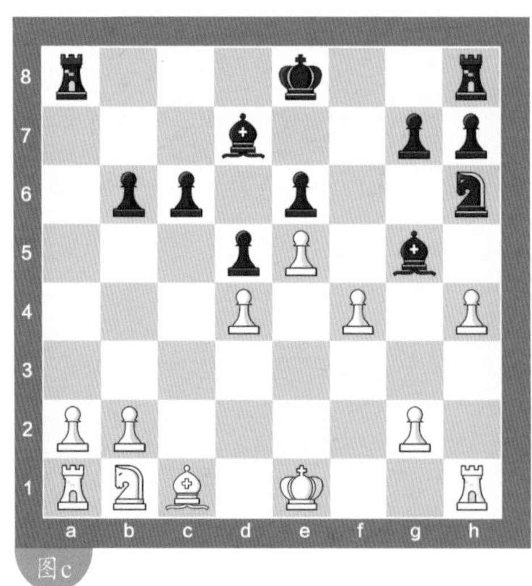
图c

用时____________秒。

摆对____________个棋子。

摆错____________个棋子。

2 请你观察图d、图e和图f，说一说白方的王是否可以进行王车易位，并说明原因。

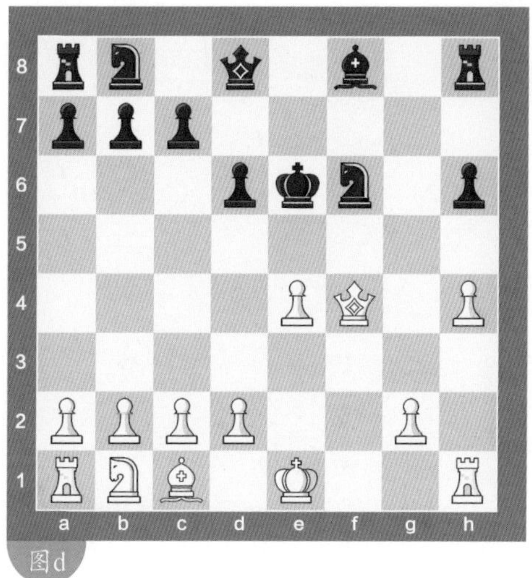
图d

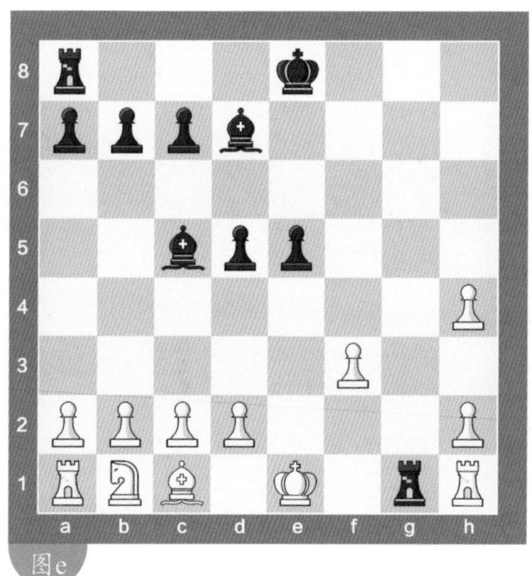
图e

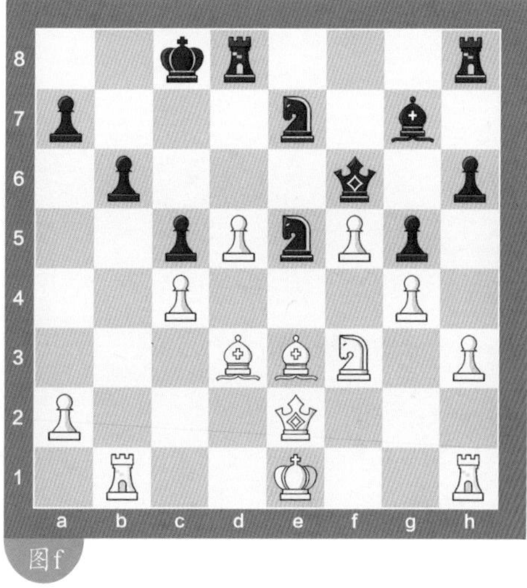
图f

王车易位，就是同一方的车和王两个子在一步棋当中交换位置。王车易位分为两种，一种是走向王翼方向的短易位，另一种是走向后翼方向的长易位。短易位的记录形式是0-0，长易位的记录形式是0-0-0。

第7课
将军与应将

学习目标

1 牢记王的安全性，第一时间应将

2 学会应将的办法

趣味小知识

棋坛趣闻

在彼得大帝同瑞典国王查理十二世作战期间，很多作战将领都是国际象棋爱好者，闲暇时经常聚在一起下棋。一次一名将军竟然因为下棋把彼得大帝所赐的金制烟盒输给了对手。消息很快传到彼得大帝耳朵里。谁知，彼得大帝没有生气，而是心平气和地派人送去一个桦树皮制的烟盒给那位将军，同时附了一封信："既然你没有理智保护我赠给你的金制礼品，那就保护住这个桦树皮制的烟盒吧！"

大家都松了一口气，看来彼得大帝并没有真生气，人们可以接着开心地下国际象棋。

本课内容

王的安全至高无上，被将军时必须马上应对。

学习并熟练掌握应将的3种方法：垫将、避将和消将。

知识讲解

要点1：将军应对准则

如果一方正威胁消灭另一方的王，则此时这一方正在"将军"。另外一方的王被将军时，必须马上应对，确保王不处于被消灭的威胁状态当中。保证王的安全是棋局当中最重要的事情，在组织所有行动之前，首先要考虑一个问题——自己的王是否安全。

要点2：应将的方法

图1的局面中，白方的车正在将军黑王。

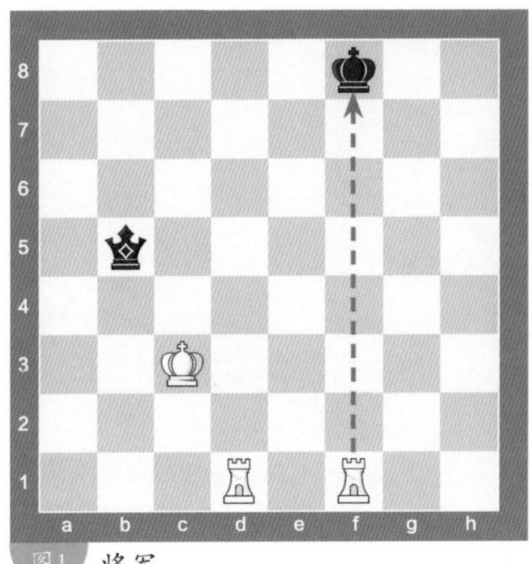

图1 将军

消将：黑方采取消灭白方正在将军的那个棋子的方法应将（图2）。

图2 消将

垫将：黑方用棋子挡住白方将军棋子的攻击线路（图3）。

图3 垫将

避将：黑方将王走到其他位置（图4）。

图4 避将

3种应将方法带来不一样的结果。经过分析我们可以看到，采取消将办法时，因为白方可以用位于d1的车消灭黑方f1格的后，所以黑方相当于用后换车；采取垫将办法时，黑方损失了一个后；采取避将办法时，黑方没有损失。

需要注意的是，当兵和马将军时，被将军一方只能采取消将和避将方式应对，没有垫将的可能。

图5局面中的黑王被白方e7马将军，黑方现在无法采取消将的办法应对，马将军时也没有垫将的可能。因此，只有采取避将办法，把王走到其他位置。

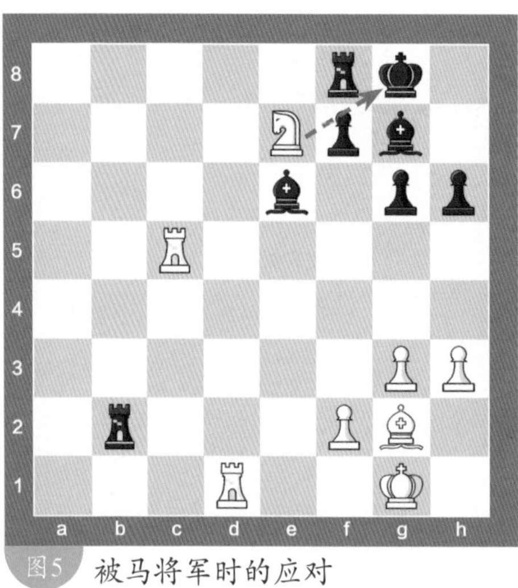
图5 被马将军时的应对

图6 被兵将军时的应对

图6的局面中，白兵将军黑王，两个棋子之间没有空间，不可以采取垫将方式应对。

 要点3：王的安全

图7的局面中，黑方的王被将军，黑方能采取将车移至d6的方式应将吗？

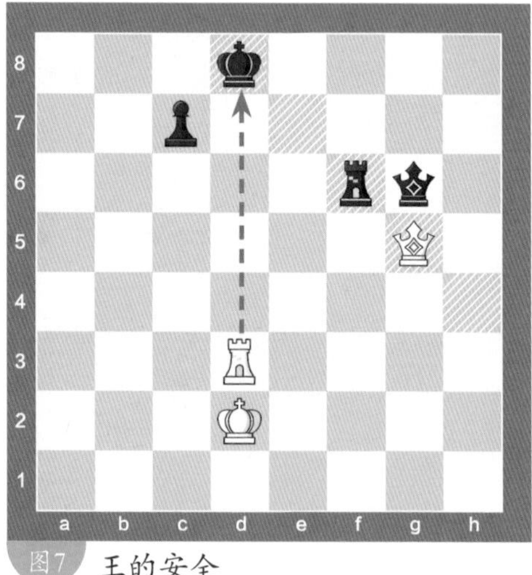
图7 王的安全

答案是不能。因为白方的后在h4-d8斜线上发挥着牵制作用，黑方的f6车不能动，否则黑王就暴露在白后的进攻路线当中。

课后练习

1 图a中白方的b5后正在黑方e2象的火力攻击范围之内，此时黑方是否可以用象把白后吃掉呢？

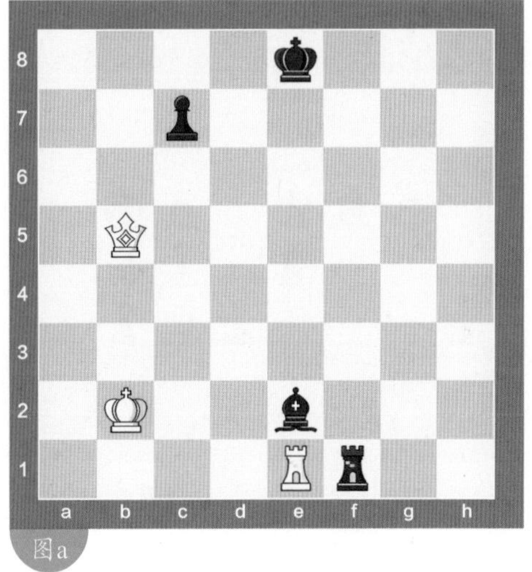

图a

2 观察图b，说一说黑方能够采取几种方法应将，分别采取哪几步棋，请写出来。

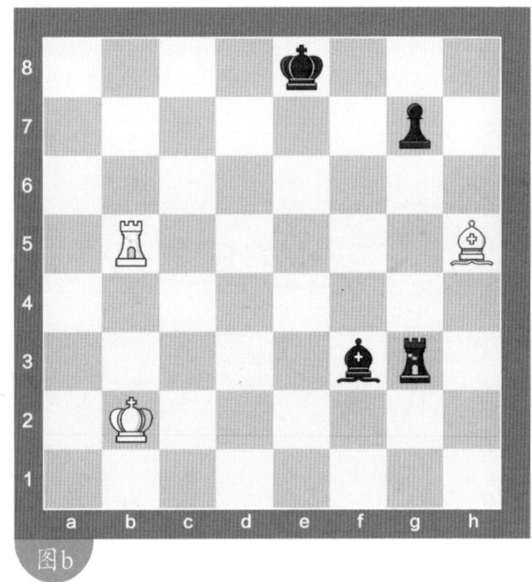

图b

3 摆棋局，看看在15回合、25回合你摆出来的棋局与图c和图d是否一样，再说一说你认为这局棋哪一方下得好，为什么。

1.c4 c6 2.e4 d5 3.c×d5 c×d5 4.e×d5 马f6 5.后a4+ 马bd7 6.马c3 g6 7.象c4 象g7 8.马f3 0–0 9.d3 a6 10.后a3 马h5 11.0–0 车b8 12.d6 e6 13.象g5 马hf6 14.后b4 b5 15.象b3 h6 16.象e3 a5 17.后h4 g5 18.象×g5 h×g5 19.马×g5 车e8 20.d4 马f8 21.象c2 后×d6 22.马ce4 马×e4 23.象×e4 f5 24.后h5 车e7 25.车fe1 f×e4 26.车×e4 象d7 27.车ae1 象e8 28.后h3 象g6 29.车h4 后d5

30. 后g3 车c8 31.h3 车ce8 32. 马f3 e5 33. 后g5 后d6 34.d5 象f6

白方认输，黑方胜。

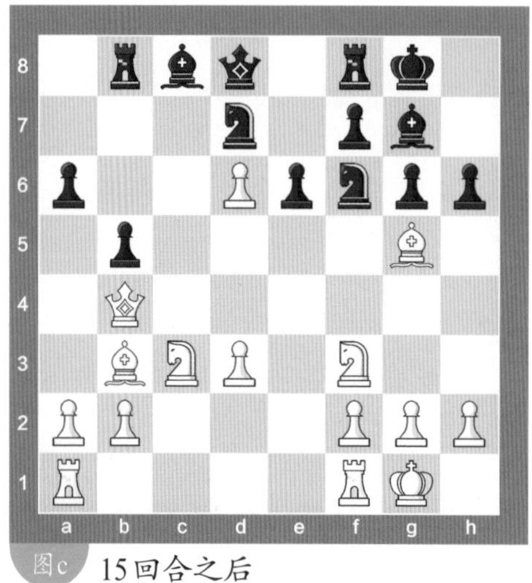

图c 15回合之后

图d 25回合之后

冠军课堂

王的安全很重要，若王被将军，必须马上应对，并且在垫将、避将和消将3种应将方式中选择最合理的方法应对。应将的时候采取哪种方法最好，没有一定之规。应将的时候要特别注意哪些棋能走、哪些棋不能走，如果把时间用在那些违反规则的着法上，无异于浪费时间。

第8课
将杀与王的安全

学习目标

1 掌握将杀与将军的区别

2 通过将杀知识的学习，进一步认识王安全的重要性

趣味小知识

国际象棋与逻辑思维

一些喜欢下棋的儿童青少年通常在学习方面表现出较强的能力，因此会有这样一种说法——“下国际象棋能令人更聪明”。下国际象棋真的能令人更聪明吗？如果答案是肯定的，那么一定是因为国际象棋能够帮助人们更好地思考，找到解决问题的方法，所以经常练习会增强这方面的能力。国际象棋是关于思维的游戏，棋手思考走法有点像在解数学题。《一个数学家的自白》中曾有这样的文字：“拆解国际象棋的棋题正像是解数学题一样，而下国际象棋就仿佛是在进行数学运算。”这是数学家在对比国际象棋和数学后得出的结论。

本课内容

将军时一方的王虽受到攻击威胁但仍可以找到应对方法，将杀则是指一方的王受到攻击时无法实施垫将、避将和消将中的任何一种，无路可逃。将军与将杀有本质的区别，如果一方的王被将杀，棋局则以另外一方的胜利告终。

知识讲解

要点1：将杀——受到攻击的王无处可逃

后、车、马、象和兵都可以实施将杀。因为任何一方不能把王送到对方棋子的攻击范围之内，因此一方的王不能直接将杀对方的王。王可以参与战斗，成为进攻主

力军，对己方发挥攻击作用的棋子起到支持保护作用。图1所示是用后将杀的情况。

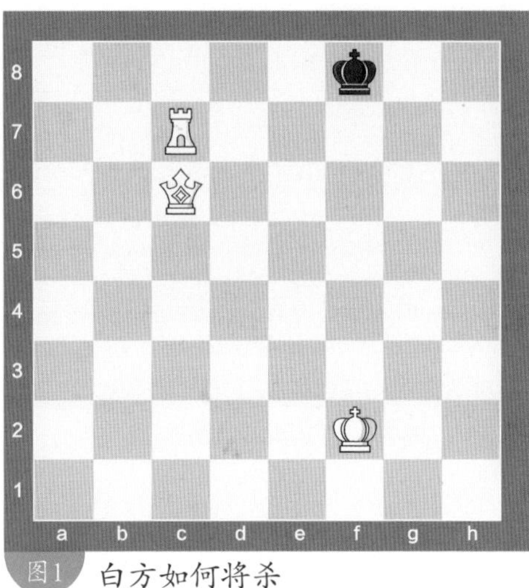

图1 白方如何将杀

图1的局面中，白方棋子数量占据绝对优势，白方可以采取多种办法将杀。

黑方的王被管制在棋盘底线，现在白方只需要走1.后a8#（图2）便可以实现将杀，获得胜利。

图2 1.后a8#

白后沿着8线将军，白车管住7线，黑王无处可逃，被将杀（图3）。

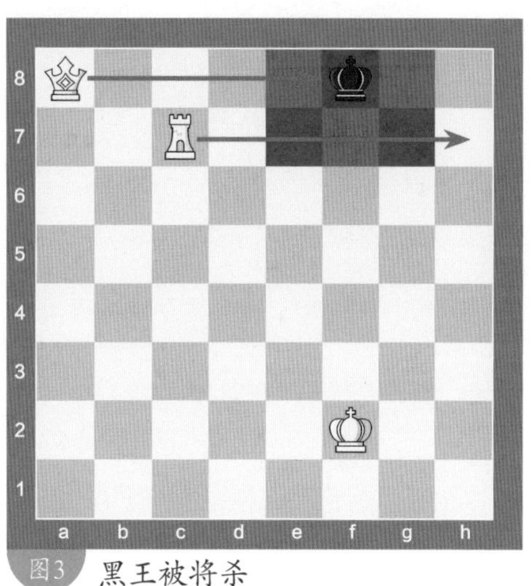

图3 黑王被将杀

图1的局面中，白方还可以采取另外一种将杀方法（图4、图5）。

1.后f6+

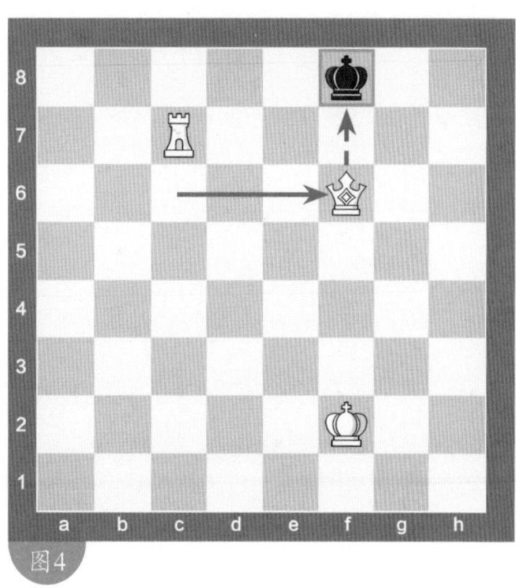

图4

1...王e8 2.后e7#

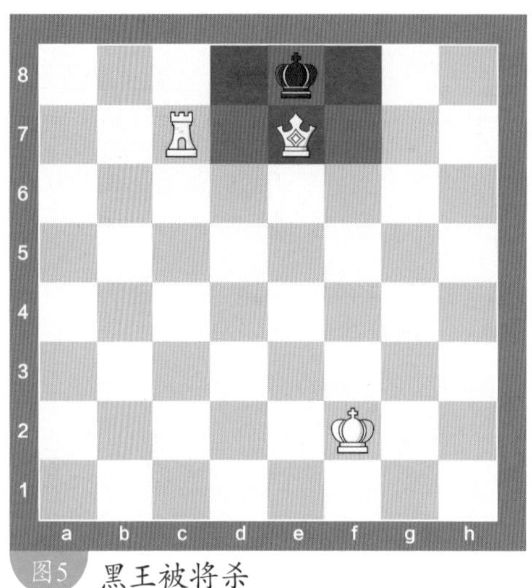

图5 黑王被将杀

白车保护着位于e7的后，黑王在e8无处可逃，被将杀。

要点2：在王的支持下将杀

实战中，通常双方的棋子数量没有那么悬殊，因此在将杀的过程中，需要进攻方的王参与战斗，才能构成将杀威胁。

图6的局面中，白方多了一个后，在白王的支持下，可以顺利实现将杀。

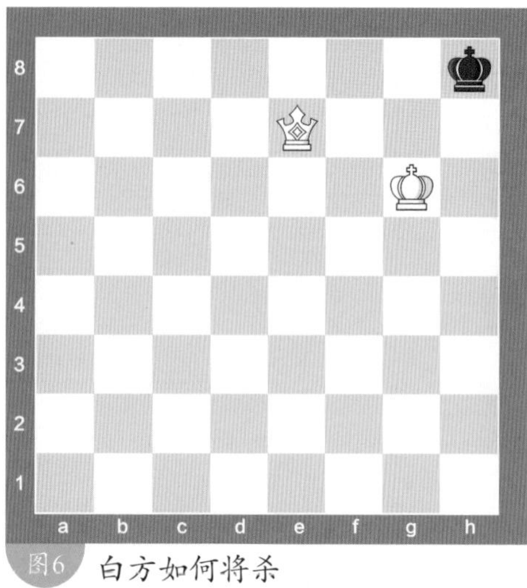

图6 白方如何将杀

1.后g7#

黑王在h8被将杀（图7）。

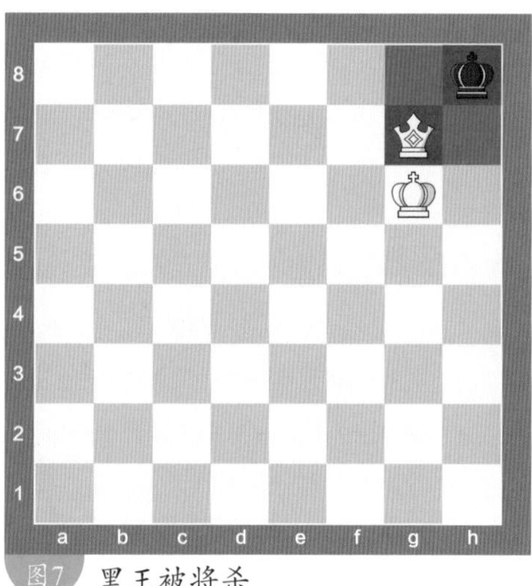

图7 黑王被将杀

图6的局面中，白方还有4步棋都可以实现一步将杀。请你为白方找到这些将杀好棋，并标在图8中。

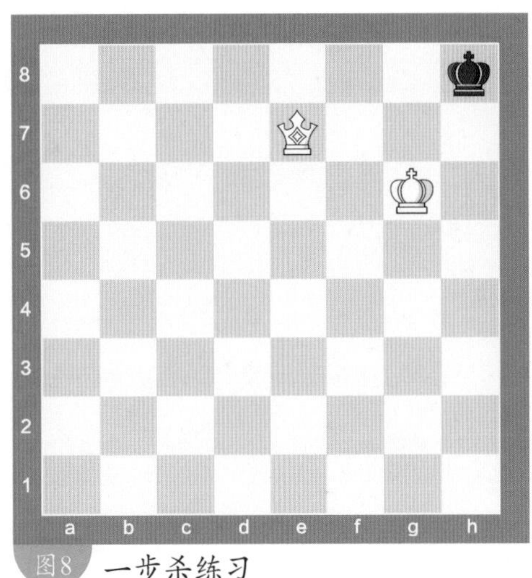

图8 一步杀练习

1.后h7#；1.后d8#；1.后e8#；1.后f8#

 要点3：注意逼和

图6的局面中，白方如果不小心走1.后f7，就会让黑方利用逼和规则（详见第10课）挽救棋局。

特别提示：下棋过程中，优势一方有时会因思维惯性或者大意，以为随便走哪一步都可以将杀，或者一心逼迫对方的王，没有考虑其他因素，这些都可能让防守方找到挽救棋局的机会。

 要点4：记录方法

在将军的时候，棋局记录当中会用+代表。例如前面我们看到1.后f6+，代表白方走后到f6将军。

形成将杀的时候，棋局记录当中会用#代表。例如前面我们看到的1.后g7#，代表白方走后到g7将杀。

课后练习

1 考考你的将杀能力。

1.1 图a中白方先走，请你找到车将杀的办法并写下来。

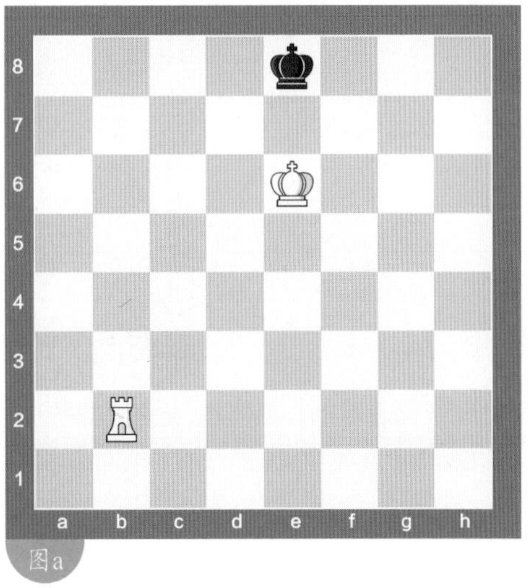

图a

1.2 图b中白方先走，请你找到马将杀的办法并写下来。

1.3 图c中白方先走，请你找到象将杀的办法并写下来。

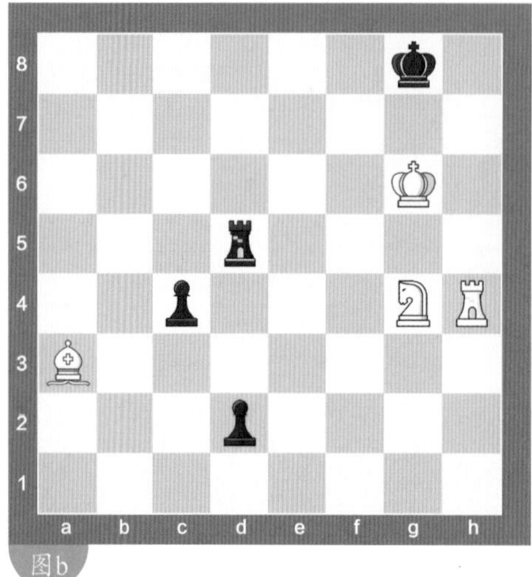
图b

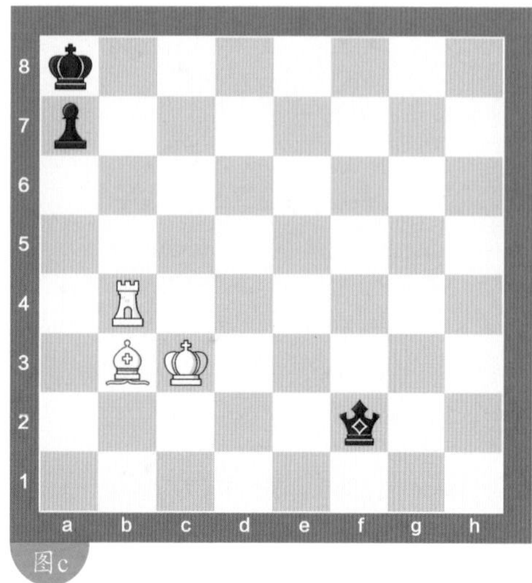
图c

1.4 图d中白方先走，请你找到兵将杀的办法并写下来。

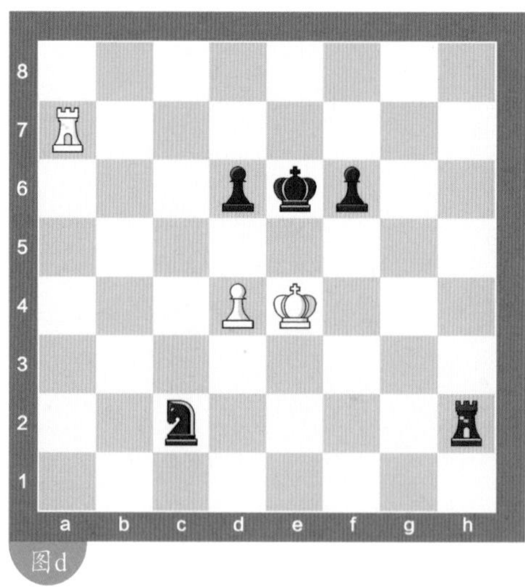
图d

2 请你观察图e、图f和图g，判断白方是将杀还是将军。

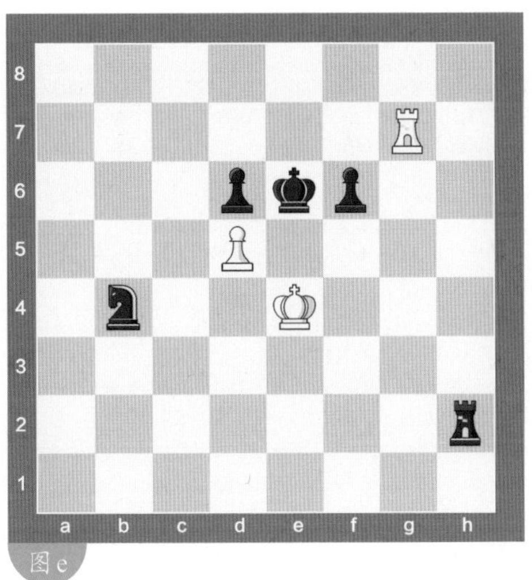
图e

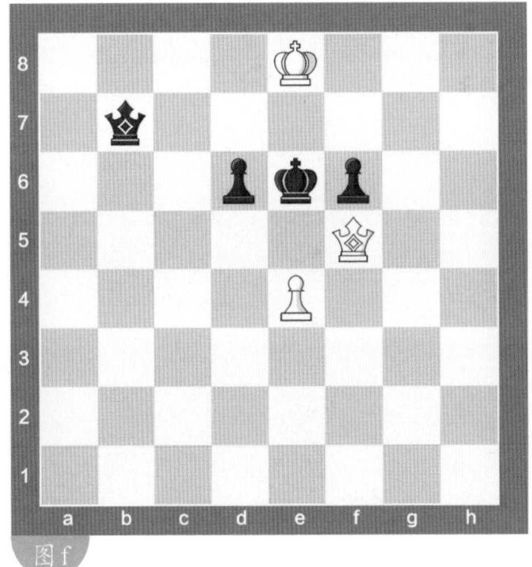
图f

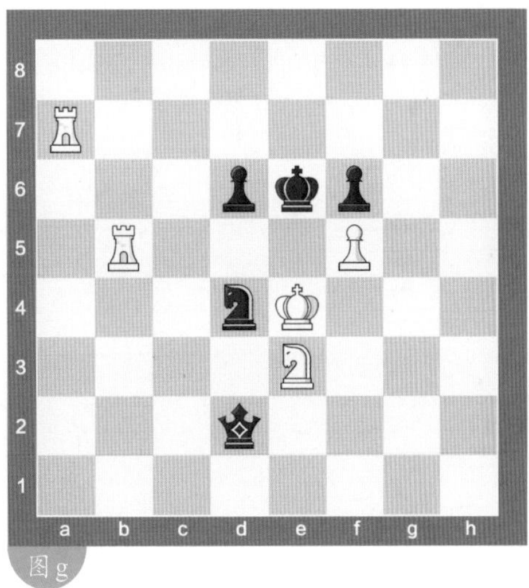
图g

3 练习看棋谱，根据下面的棋谱摆棋，看看形成的最终棋局是否与图h一致。

1.e4 e5 2.象c4 象c5 3.后e2 后e7 4.f4 象×g1 5.车×g1 e×f4 6.d4 后h4+ 7.g3 f×g3 8.车×g3 马f6 9.马c3 h5 10.象×f7+ 王×f7 11.象g5 马×g3 12.后f3+ 王g6 13.象×h4 马h5 14.后f5+ 王h6 15.后g5#（图h）

白胜。

图h

将杀是夺取棋局胜利的标志。在下棋过程中，要学会分清主次，王的安全在任何时候都是关键。在占据优势的时候，千万不要大意，以免让对手找到机会扭转棋局。

第9课
和棋
——常见类型

学习目标

掌握几种常见的和棋

趣味小知识

跳级男孩的华丽转型

世界国际象棋冠军赛创建至今已经一百多年了，在所有获得过世界棋王的选手当中，第八位男子世界冠军塔尔的棋局深受棋迷的喜爱。塔尔的棋局充满了浪漫主义色彩，塔尔天马行空的想象力、绝妙的攻杀和精准的计算令人叹为观止。

在童年时，塔尔除了下棋之外还在数学方面有着突出的才华。例如，他在读一年级时就会计算三位数的乘法，学校决定让塔尔直接跳级到三年级！看来，数学方面优秀的逻辑推理和计算能力都为塔尔的棋艺进步打下了良好的基础，也令塔尔形成了与众不同的棋风。

本课内容

了解常见和棋的特点和规律。

学会合理利用规则，取得棋局胜利。

知识讲解

要点1：长将和棋

长将和棋指的是一方连续将军，另一方的王无法从被将军的状况当中逃离出来。通常，长将和棋是劣势的一方扭转败局的求和方法。

图1的局面中，1.车a8+ 王g7 2.车a7+ 王g6 3.车a6+ 王g7 4.车a7+。

白方的车持续将军，黑方的王不能躲开白方的将军，长将和棋。

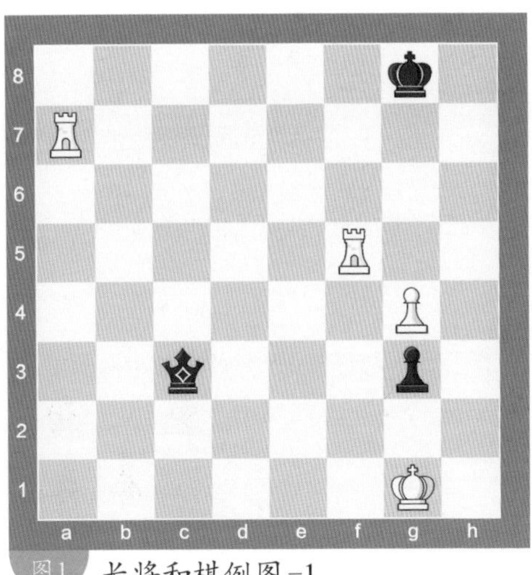
图1 长将和棋例图-1

图2的局面中，白方少了一个车，处于劣势，如果不采取特殊的手段，白方无疑处于危险境地。不过，若轮到白方走棋，白方可以实现长将和棋。

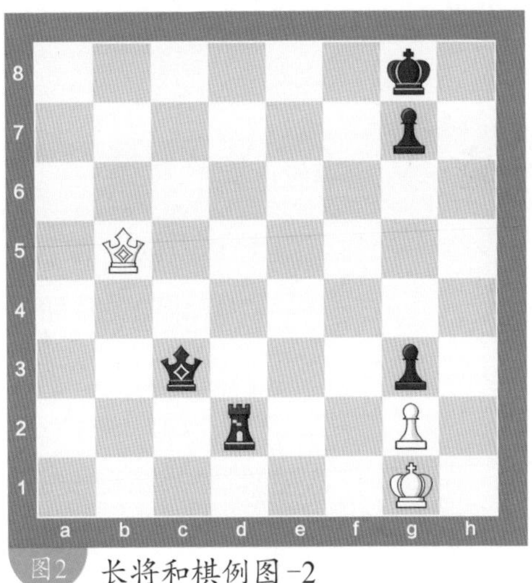
图2 长将和棋例图-2

1.后e8+

白方的后将军（图3），黑王除了h7

无处可去。

图3

1...王h7 2.后h5+

白方的后继续将军，黑方的王只有回到g8（图4）。接下来，白方只要重复走后到e8和后到h5将军，便可以得到长将和棋局面。

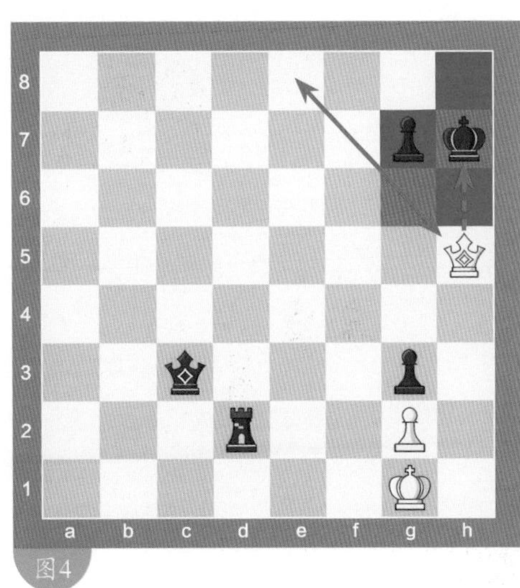
图4

图5的局面中，黑方拥有明显的优势，不过此时轮到白方走棋，白方可以实现长将和棋。

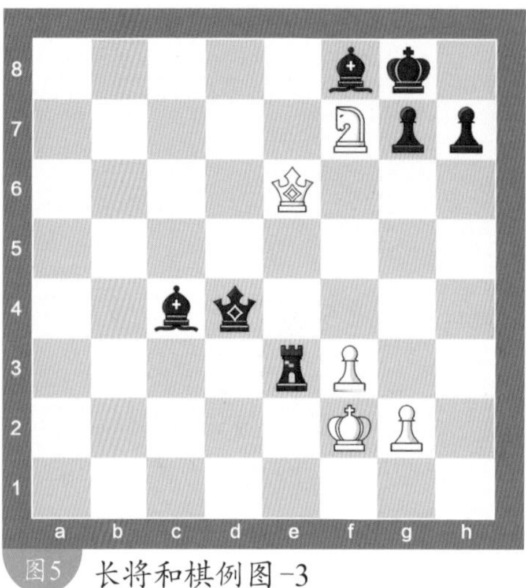
图5 长将和棋例图-3

马h6+

白方的后和马同时将军（图6），因此黑方无法采取消将和垫将的方式应对，只能避将。

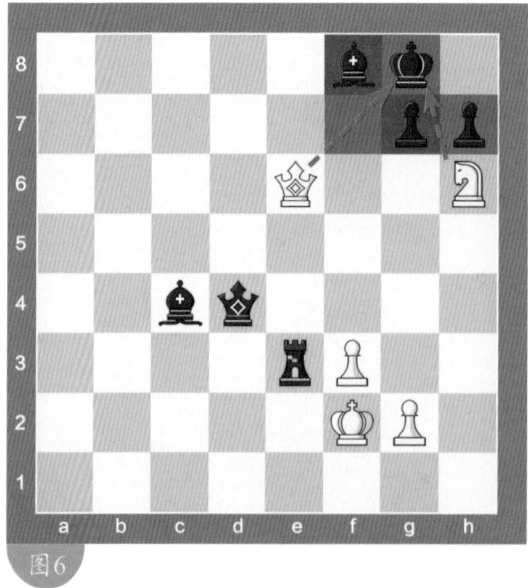
图6

1... 王h8 2. 马f7+

白方通过在h6和f7之间跃马将军，实现长将和棋（图7）。

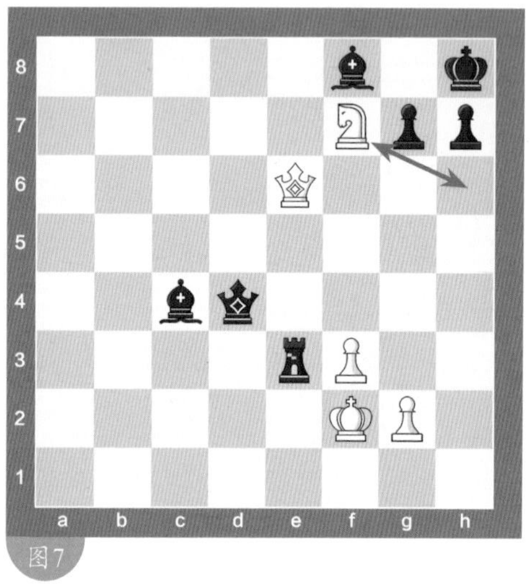
图7

要点2：定式和棋

定式和棋指的是无论怎样走，都无法实现将杀，根据国际象棋规则，棋手可以直接要求判定和棋。

定式和棋发生在一方只剩一个王，而另一方也只有一个王或者一个王和一个轻子（马或者象），或者双方各剩一个象，并且双方象在同一种颜色的格子，不可能将杀对方。这些都属于定式和棋，出现这样的局面，对局就将被判为和棋结束。

如果对局中出现表格中列出的定式和

定式和棋

某方剩棋	对方剩棋	备注
单王	单王	可以判和
单王+一个轻子（马或象）	单王	可以判和
单王+一个象	单王+一个象	双方象在同颜色格子，可以判和

棋情况，可以要求直接判定和棋。

为什么单王+一个象对单王+一个象的和棋判定要强调象在同颜色格子呢？因为在异色格中的象当中存在将杀的可能性。

图8的局面中，白方可以通过1.象d4#的走法将杀。而双方象在同色格的情况下，无论一方怎样努力，都不可能将杀。

要点3：建议和棋

建议和棋指的是对局中，一方棋手提出和棋建议，另一方表示接受。此时，对局的结果为和棋，双方棋手不再继续战斗。

不过，一些比赛对建议和棋有特殊规定，例如30回合之前不能提和等。

图8　1. 象d4#

课后练习

1 考考你的将杀能力。

1.1 图a中白方先走，请你找到车长将的办法并写下来。

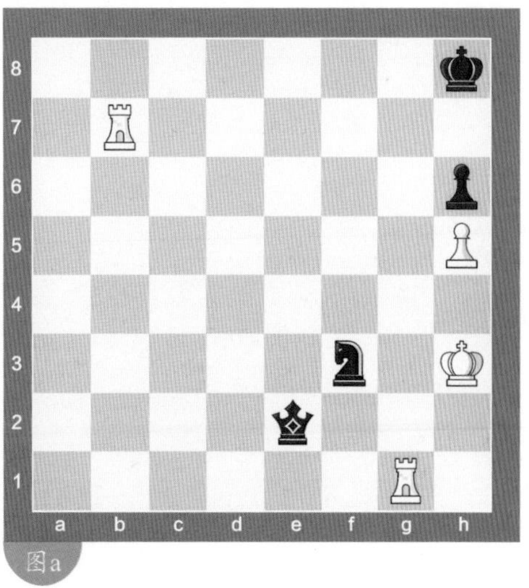

图a

1.2 图b中白方先走，请你找到马长将的办法并写下来。

1.3 图c中白方先走，请你找到后长将的办法并写下来。

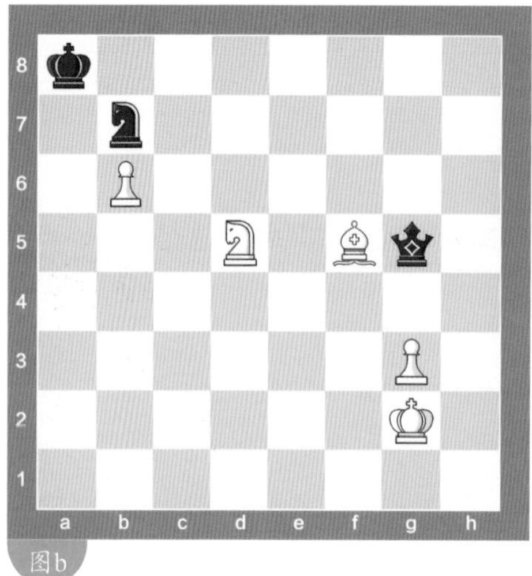
图b

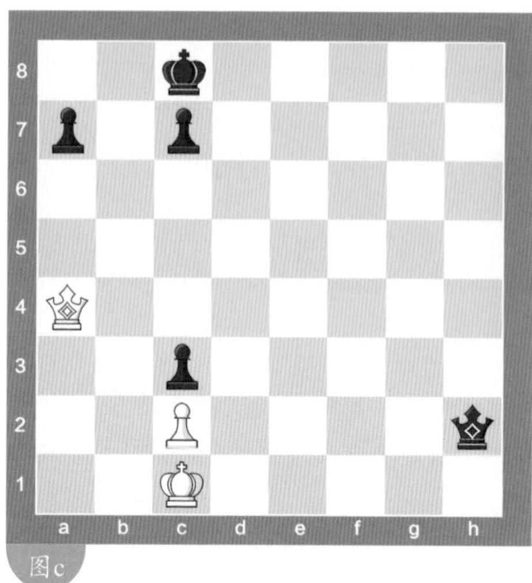
图c

2 请你观察图d~图f，判断这些局面是否符合定式和棋的要求。

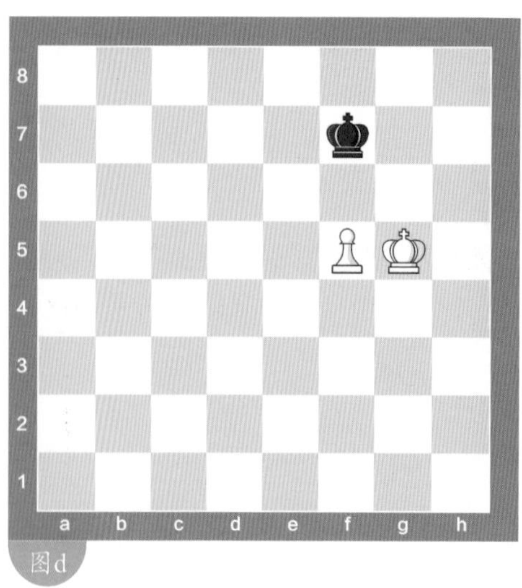
图d

图e

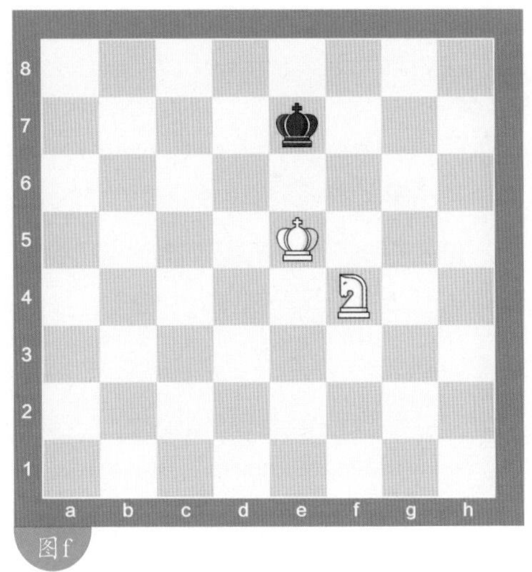
图f

3 练习看棋谱，根据下面的棋谱摆棋，看看形成的最终棋局是否与图g一致。

1.e4 e5 2.马f3 马c6 3.象c4 象c5 4.0−0 马f6 5.车e1 0−0 6.c3 后e7 7.d4 e×d4 8.e5 马g4 9.c×d4 马×d4 10.马×d4 后h4 11.马f3 后×f2+ 12.王h1 后g1+ 13.马×g1 马f2#（图g）

黑胜。

图g

冠军课堂

和棋是国际象棋的对局结果当中经常发生的情况，也是任何一方无法取胜情况下双方都能接受的结果。和棋有以下6种情况，比较常见的是长将和棋、定式和棋以及建议和棋，比较特殊的是无子可动和棋（也叫逼和）、三次重复和棋和50回合局面无变化和棋（详见第10课）。

在常见和棋的类型中，棋手要熟记定式和棋的类型，知道哪些情况下可以直接判定和棋，无法决出胜负。

第10课
和棋
——特殊类型

学习目标

1 掌握几种特殊类型的和棋

2 了解特殊和棋方法的规定和特点

趣味小知识

气候与棋艺水平的关系

在国际象棋的发展历史上，有很长一段时间世界一流的棋手都来自俄罗斯，其他国家的一些棋手总是战绩不佳，有人半开玩笑半认真地说：

“俄罗斯冬季时间长，天气太冷了，所以人们都留在房间里下棋，当然水平高。”

对此，一位俄罗斯冠军反驳道：

“如果这种说法有道理，那就把这些人送到北极去训练吧，那里天气更冷。”

其实，大家都明白：气候与棋艺水平没有直接关系，棋手是否优秀，主要看平时的训练效果好不好。

本课内容

特殊类型的和棋。

特殊类型和棋在实战中的应用特点。

知识讲解

要点1：逼和

逼和需要符合一些特定的条件。

条件1：走棋一方的王没有被对方棋子将军。

条件2：走棋一方的王除了走到对方棋子控制范围内（规则当然不允许送王），已经无处可去。

条件3：走棋一方除王之外的任何棋子都没有办法走动。

当对局中出现满足上述3个条件的局面时，根据规则判定为和棋。这样的和棋被称为“逼和”，也称“无子可动和棋”。

图1的局面中，轮到黑方走棋，现在

黑方王的活动区域a7、b7和b8都被白方控制，黑王没有被将军，但黑方也没有合乎规则的着法，形成无子可动局面，被判定为和棋。

图1 逼和例图-1

白方多了一个后还没有赢，太可惜了！

图2的局面中，白方面临两种选择，即象到b6和f6，结果大不相同。

图2 逼和例图-2

1.象f6# 白方成功将杀，白胜（图3）。

图3

但是，若白方以为怎样走都可以，随手走了1.象b6（图4），结果完全不同。

白象在b6看起来能够消灭黑方的车，似乎胜利在望。但是，我们再仔细看一下会发现，黑方此时没有能走动的棋子。黑王周围的格子都被白方控制着，黑车在c7被牵制无法动弹。

图4

棋局形成黑方无子可动局面。

接下来，我们看一个更为复杂的局面（图5）。白方看起来形势大好，多了车、象、马，似乎怎么走都会赢。

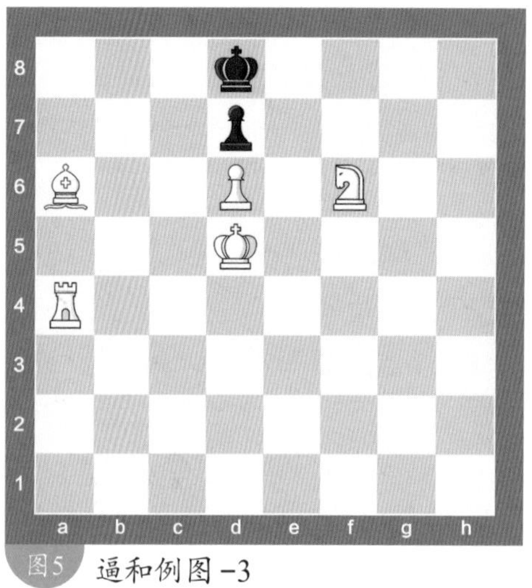
图5 逼和例图-3

但是，我们再深入分析图6的局面时会发现，黑方的王被白方的棋子完全困住，这样的局面很容易出现逼和。

图6 黑王被完全困住

白方意识到优势局面存在逼和的可能时，应该做的事情就是给黑王一条活动路线，这样轮到黑棋走的时候，黑方才不会无子可动。

认识到这一点之后，再深入思考就会发现此时白方应该走马到任何一个格子或把a6的象走到b7之外的格子中，这样才能“放长线钓大鱼”，晚些时候实施将杀。

注意，现在如果白方走王或者走车，无论走到哪个位置，黑方都没有合乎规则的着法，都会形成逼和局面。

要点2：三次重复和棋

三次重复和棋指的是相同局面第三次重复（不一定是连续的）出现，并且每次都轮到同一方走棋。这时，轮到走棋的一方可以要求判定和棋，裁判审查后如情况正确，将判定这局棋为和棋。

图7的局面中，假如双方无心恋战选择三次重复和棋，棋局将会出现以下情况。

1.马g5 车f8 2.马f3 车e8

棋局第二次出现与图7相同的局面。

3.马g5 车f8 4.马f3

此时，如果黑方走4...车e8，棋局将第三次形成图7的局面。棋手可以提出三次重复和棋判和的要求。

要点3：50回合局面无变化和棋

50回合局面无变化和棋指的是从某一步棋开始的50回合中，双方均没有吃过一个棋子（包括兵），也没有走动过一个兵。如果发生这种情况，可以向裁判要求判和。

图7 三次重复和棋例图

课后练习

轮到黑方走棋，请你说一说图a~图d的局面是不是逼和。

图a

图b

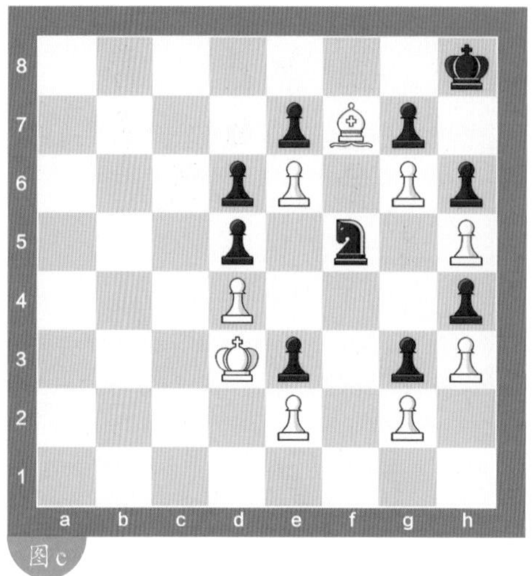

图c

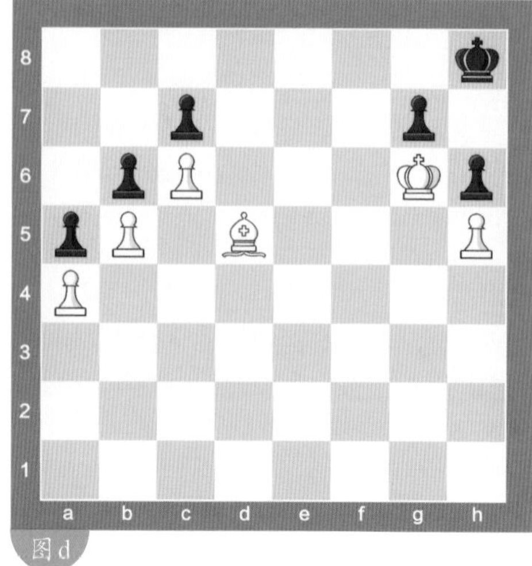

图d

逼和是一种特殊的和棋方式，下棋过程中优势方需要避免让对手形成逼和的条件，劣势方要谋求逼和的机会。逼和要符合3个条件：王没有被将军，除了送吃王没有其他走法，其他棋子也没有符合规则的着法。

第11课
吃子与交换

学习目标

1 学会用己方的棋子威胁消灭对方的棋子

2 学会分辨吃子与交换的差异

趣味小知识

棋子里的秘密

拿破仑率领部队打仗惨遭“滑铁卢”后被流放到一个孤岛，每天他都会拿出朋友送他的国际象棋找看守杀上一盘。朋友送的是用象牙和软玉精心雕成的国际象棋，非常精美。拿破仑死后这副棋数次易主，很多年之后有人发现这副棋中的一枚棋子底部可以拆开，里面藏着为拿破仑如何逃离而拟定的详细计划。可惜拿破仑被流放时每天与这副国际象棋相伴，却一直没有发现棋子里的秘密。

本课内容

威胁消灭对方棋子的方法，己方棋子受攻击时的应对策略。

吃子与棋子交换的评价方法。

知识讲解

 要点1：叫吃

叫吃的意思是用自己的棋子攻击对方的阵营，产生消灭对方棋子的威胁。消灭对方的棋子可以减弱对方阵营的实力。

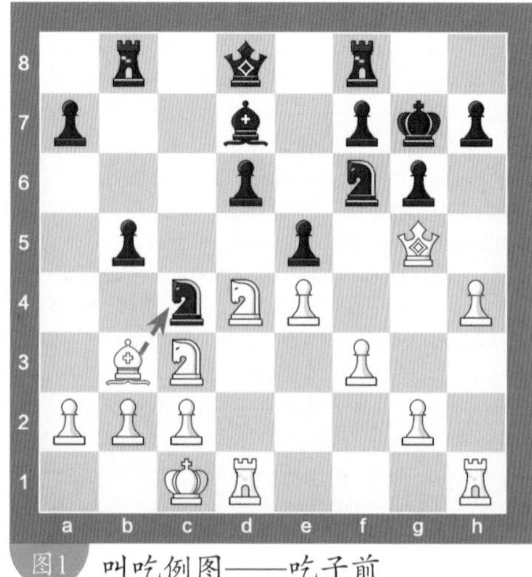

图1 叫吃例图——吃子前

图1的局面中，白方的象正在叫吃黑方的c4马，但是黑方的马背后有b5兵防护，白方象吃掉c4马之后，黑方可以用兵消灭这个象。

白方还可以叫吃黑方哪些棋子呢？通过观察，我们发现还有b5兵。通过计算得到图2所示的变化。

1.马d×b5 象×b5 2.马×b5 车×b5 3.象×c4

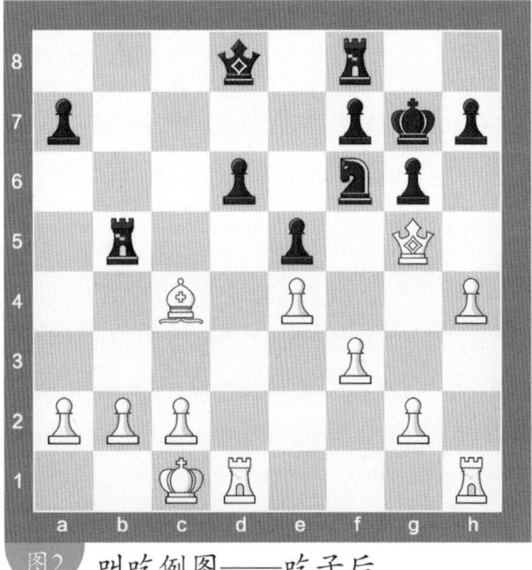

图2 叫吃例图——吃子后

白方顺利获取1个兵，取得优势。

消灭对方的棋子时，己方的棋子往往也会被对方的棋子攻击和消灭。用己方的棋子交换对方的棋子时，要计算清楚是进攻的力量强，还是防守的力量强。

图3的局面中，轮到白方走棋，双方很多棋子都处于相互叫吃的状态，形成子力交换。经过认真思考，我们会发现图4所示的变化可能发生。

图3 交换例图——交换前

1.象×e7 车×e7 2.e×d5 c×d5 3.c×d5 后×c3+

图4 交换例图——交换后

黑方的后将军白王，白方应将之后，

黑方正在受到进攻的e6象可以安全逃离。然后，我们看到双方子力数量相同，可见白方并没有通过交换获得实际收益。

要点3：合理分析比较

分析棋局中哪一方占优，最基础的一个环节是对比双方棋子数量。

把图5和图6中双方棋子数量整理在表格中，并判断哪一方占优。

棋手要善于通过数量统计分析的方法形成结论。分析双方棋子的数量是判断战斗力的基础，也是棋手评估局面优劣最基本的依据。

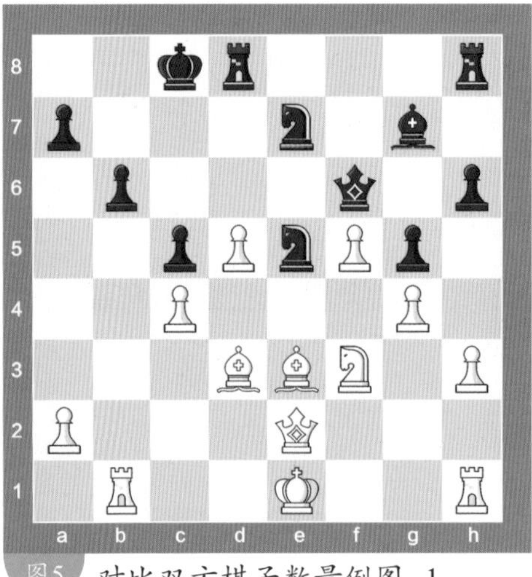

图5 对比双方棋子数量例图-1

棋子	白棋数量	黑棋数量	结论	
后			白方优势	黑方优势
车				
象				
马				
兵				

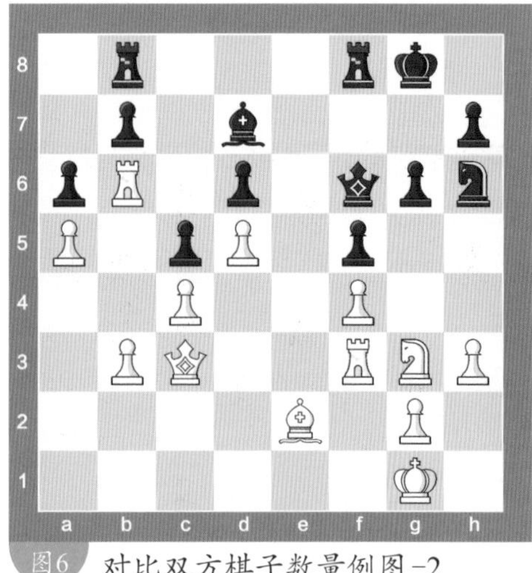

图6 对比双方棋子数量例图-2

棋子	白棋数量	黑棋数量	结论	
后			白方优势	黑方优势
车				
象				
马				
兵				

课后练习

1 考考你，请比较图a~图d，1分钟内把双方棋子数量整理在表格中。

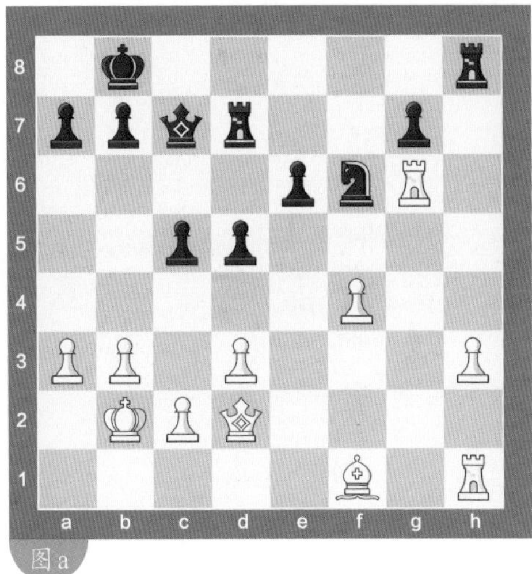
图a

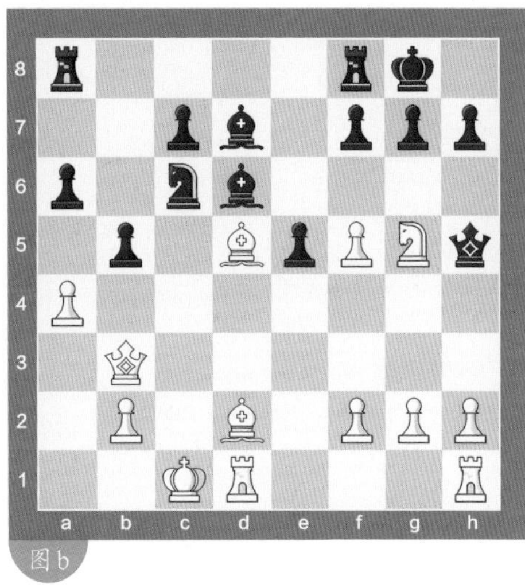
图b

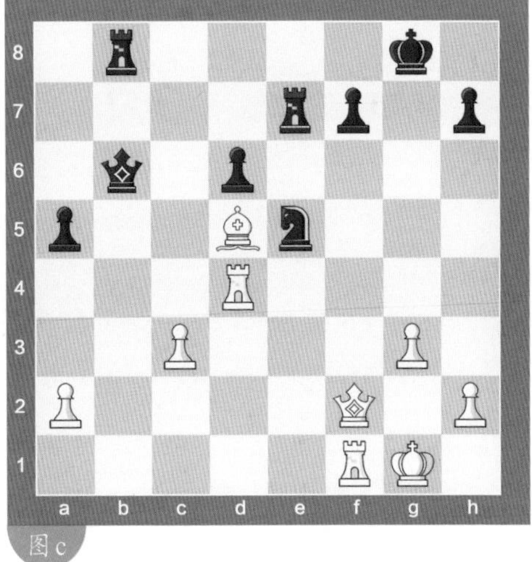
图c

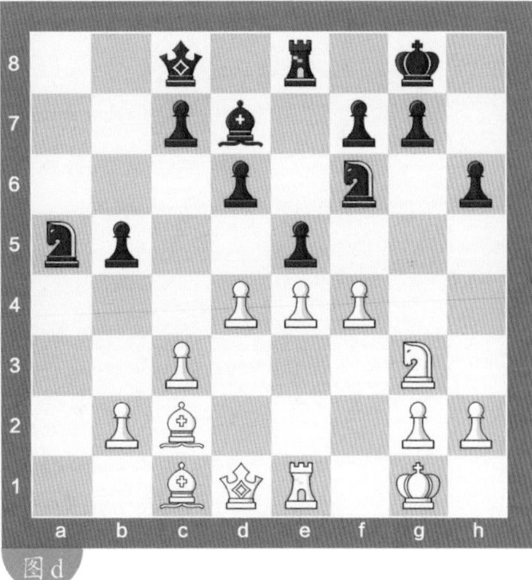
图d

棋子	白棋数量（图a）	黑棋数量（图a）	白棋数量（图b）	黑棋数量（图b）	白棋数量（图c）	黑棋数量（图c）	白棋数量（图d）	黑棋数量（图d）
后								
车								
象								
马								
兵								
王								

2 记棋盘上棋子的位置。

请看图e 1分钟，然后不看图在空棋盘上将棋子摆出来。摆好之后进行对照，把用时和对错情况记下来。

用时＿＿＿＿＿＿秒。

摆对＿＿＿＿＿＿个棋子。

摆错＿＿＿＿＿＿个棋子。

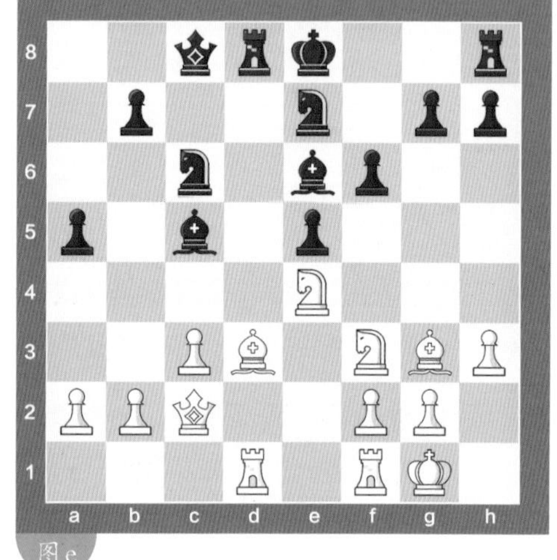

图e

3 摆棋谱，谈体会。

1.d4 马f6 2.c4 e6 3.马c3 d5 4.马f3 象e7 5.象g5 h6 6.象h4 0–0 7.e3 马bd7 8.c5 马e4 9.象×e7 后×e7 10.马×e4 d×e4 11.马d2 e5 12.马c4 e×d4 13.e×d4 车d8 14.后b3 b6 15.车d1 b×c5 16.马a5 后f6 17.象b5 c×d4 18.后d5 马b6 19.后×e4 象f5 20.后f3 后e7+ 21.王f1 象c2 22.车d2 后b4 23.车×c2 后×b5+

白方认输，黑方胜。

4 给自己的棋局做一个简单的记录，写在本课作业部分的空白处，要求至少连续5个回合的记录是准确的。

吃子分为白吃对方棋子、双方交换棋子两种情况。双方互相能吃到对方棋子时，我们称吃子为子力（棋子）交换。这时，我们需要慎重考虑交换行为是否合算。一名优秀的棋手，首先应善于保护好自己的力量，进攻对方时不要光想着吃对方的棋子，忽略自己的阵营。

第12课
棋子的价值
——绝对价值

学习目标

1 掌握评判棋子价值的标准

2 学会合理进行棋子交换

物品交换有学问

班里同学经常忘带文具，热心的小强用自己的零花钱买了一些文具，然后分享给同学们。不过，粗心大意的同学不想白拿小强的文具，不知道哪个同学提议用物品交换。

这下子可好了，因为不少同学着急交换物品，出现了用文具盒换铅笔、用水杯换橡皮的情况，还有用新本子换草稿纸的。时间久了，小强把文具都交换完之后，发现自己多了一大堆东西，爸爸妈妈也好奇地问他是不是占了同学的便宜。因为，小强现在手里拥有的物品价值比他买文具的消费高多了。

物品交换还真不能想怎样就怎样呀，是有学问在里头的！

本课内容

棋子价值的分值换算方法。

棋子交换需要把握的基本要素。

知识讲解

要点1：棋子价值不相同

后、车、象、马、兵和王共6种棋子，每种棋子的价值不相同，如果用分数来评估每种棋子的价值（图1），大概可以得出以下标准。

图1 棋子的价值

要点2：棋子交换

下棋过程中，棋子交换的情况经常发生，有时是直接的一对一交换，有时是一对多交换，有时是一连串的棋子交换。棋手要判断清楚交换之后的结果，并预判交换的合理性。

图2的局面中轮到白方走棋，现在双方棋子数量一样，黑方的d6兵正威胁消灭白方的e5马。白方如果选择消灭黑方的棋子，需要选择用马吃g4兵或用马吃f7兵。

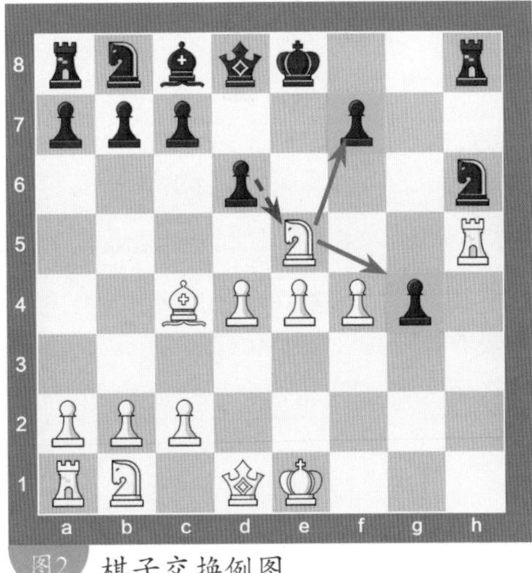

图2 棋子交换例图

白方选择用马消灭g4兵会带来以下变化。

1.马×g4 象×g4 2.后×g4 马×g4 3.车×h8+ 王e7 4.车×d8 王×d8 5.象×f7

形成图3的局面，白方比黑方多两个兵。

图3 白方用马消灭g4兵后的局面

图2中，白方如果选择用马消灭f7兵会带来以下变化。

1.马×f7 马×f7 2.象×f7+ 王×f7 3.车×h8 后×h8

图4的局面中，白方比黑方多一个兵，但是少一个象。通过这样的分析得出结论，白方若面临图1的局面，应该采取用马消灭g4兵的走法。

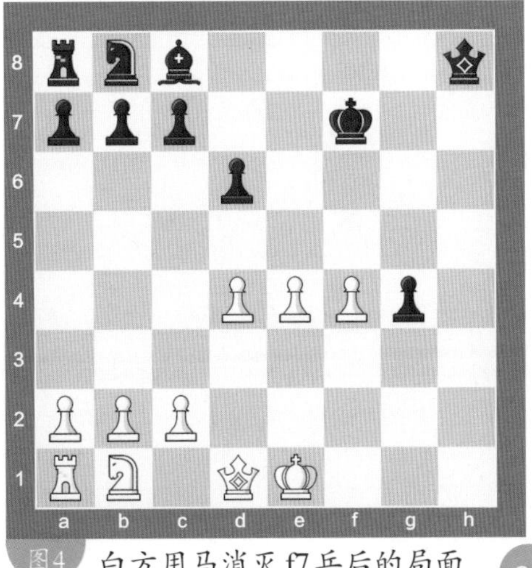

图4 白方用马消灭f7兵后的局面

要点3：学会分析判断

看到一个棋局形势时，棋手要在头脑里快速进行局面评估，然后做出合理的判断和行棋选择。

图5的局面中，白方正在将军，黑方要应将，接下来请将双方棋子数量填在表格中，就能清晰地明白哪一方占优，做出行棋选择了。

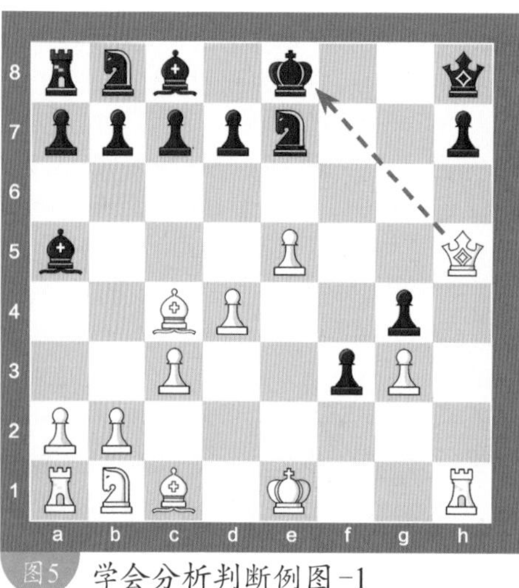

图5 学会分析判断例图-1

棋子	白方分值	黑方分值	棋子数量占优方	
后			白方总值（ ）	黑方总值（ ）
车				
马				
象				
兵				

观察表格中棋子的分值，我们得出白方占优的结论。

图6的局面中，分析棋子数量会发现黑方的分值更高，但是此时黑方的棋子位置不好，王也不安全。白方的后同时进攻黑方的d5兵和a8车，所以实际上白方的进攻主动权完全弥补了棋子数量的不足。

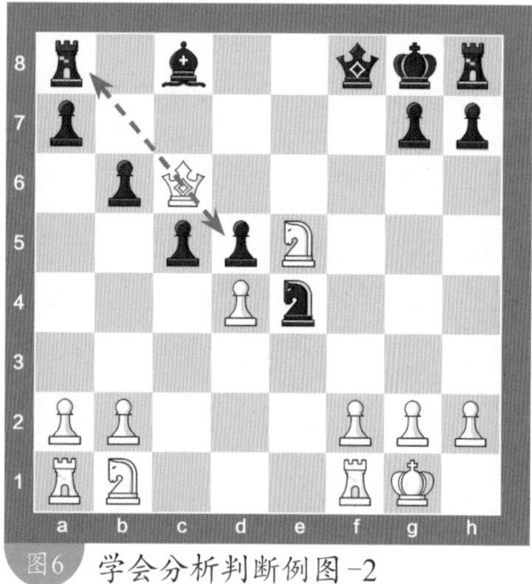

图6 学会分析判断例图-2

记住，评估局面时，除了记住棋子价值高低，还要特别关注王的安全。

棋子	白方分值	黑方分值	棋子数量占优方	
后			白方总值（ ）	黑方总值（ ）
车				
马				
象				
兵				

课后练习

1 连连看，请按照棋子价值在棋子之间连线。

2 将图a中双方棋子价值填入表中，结合王的安全，说一说哪方占优。

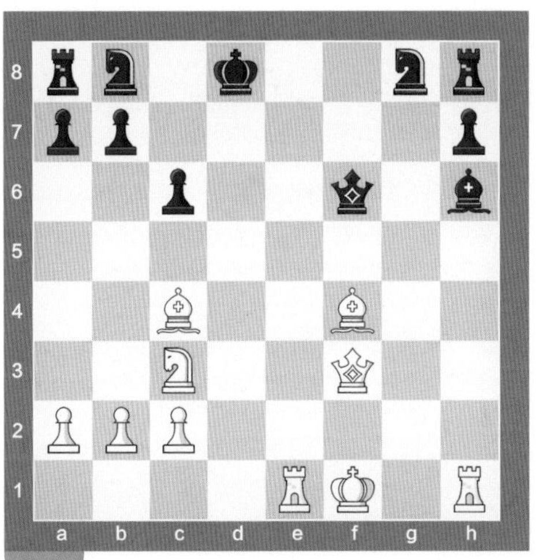
图a

棋子	白方分值	黑方分值	棋子数量占优方	
后			白方总值（ ）	黑方总值（ ）
车				
马				
象				
兵				

3 将图b中双方棋子价值填入表中，结合王的安全，说一说哪方占优。

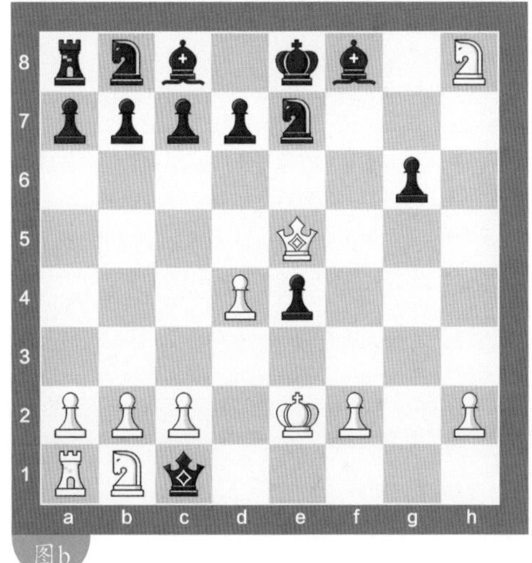
图b

棋子	白方分值	黑方分值	棋子数量占优方	
后			白方总值（ ）	黑方总值（ ）
车				
马				
象				
兵				

记清不同棋子的价值高低，有助于衡量己方的棋子价值高还是对方的棋子价值高，从而决定是否进行子力交换。棋手要学会用己方价值低的棋子攻击对方价值高的棋子，这样才有效果。记住，王是无价的，任何棋子的价值都不能与王相提并论。

第13课
棋子的价值
——合理交换

学习目标

1 学会根据棋子的价值高低去评判进攻目标

2 学会根据棋子的价值高低去衡量是否进行子力交换

趣味小知识

眼神透露出的信息

棋局对弈，两名棋手相向而坐，一方的一举一动都逃不过另外一方的眼睛。比赛中，棋手的眼神变化不怎么引人注意，但是其中透露出大量的信息。

“白方选手见到对手选择了一个非常少见的开局便很不友好地瞟了对手一眼，似乎在说‘看我怎么教训你’。显然，黑方的开局选择奏效了，执白棋的选手心态受到影响。”这段话截取自记录国际大赛棋手对弈的新闻稿。果然，棋局中执白棋的选手因为过于想要赢棋，被对手占了上风，最后输掉棋局。

本课内容

棋子交换是影响棋局变化的重要环节，合理交换是保障棋局健康发展的关键。学会根据棋子价值高低去进行棋子交换，确定进攻目标是否产生实质性威胁。

知识讲解

要点1：以棋子价值作为标准

熟练掌握棋子价值，根据棋子价值高低决定是否进行棋子交换，而不是以棋子数量作为评判标准。下面的对局中，白方进行棋子交换吃亏了（图1～图4）。

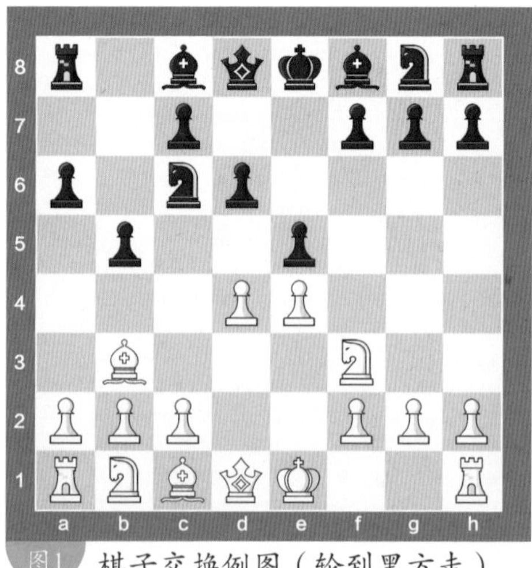

图1 棋子交换例图（轮到黑方走）

假如，黑方采取1...e×d4，白方将会应对2.象d5，经过2...象d7 3.马×d4之后，黑方不能应对3...马×d4，因为白方可以采取4.象×a8的走法，象的价值比车低，棋子交换白方占得优势。

所以，图1的局面中，黑方应该走1...马×d4，此时经过2.马×d4 e×d4之后，形成图2的局面。

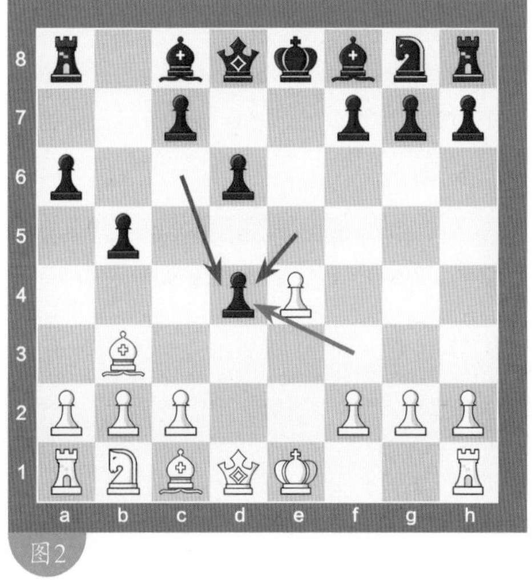

图2

看似很简单的棋子交换，白方只需要把中心兵吃回来。不过，黑方暗藏杀机。

3.后×d4之后，黑方可应以3...c5（图3），待白方的后离开，黑方马上冲兵到c4，如此一来白方的象在不知不觉中落入了黑方设计好的圈套。

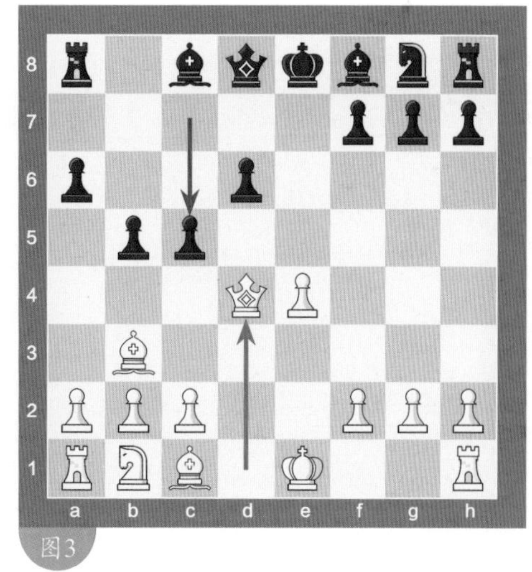

图3

经过4.后d5 象e6 5.后c6+象d7 6.后d5 c4 7.象×c4 b×c4 8.后×c4，形成图4的局面。

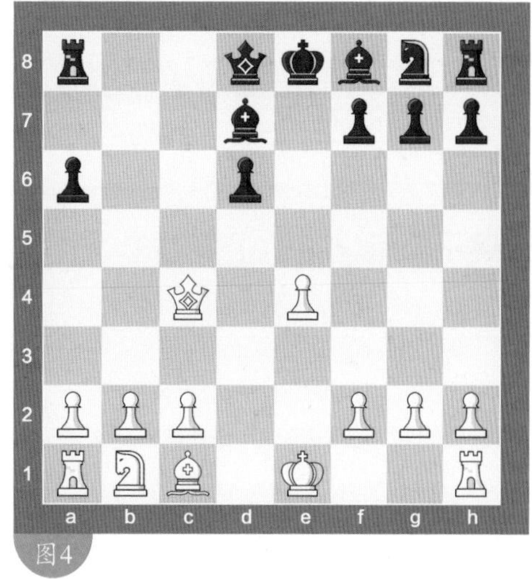

图4

再来看看棋子数量，白方的象最多换得黑方两个兵，棋子交换吃亏了。因此，图2的局面中，白方应该考虑走3.象d5，形成图5的局面。

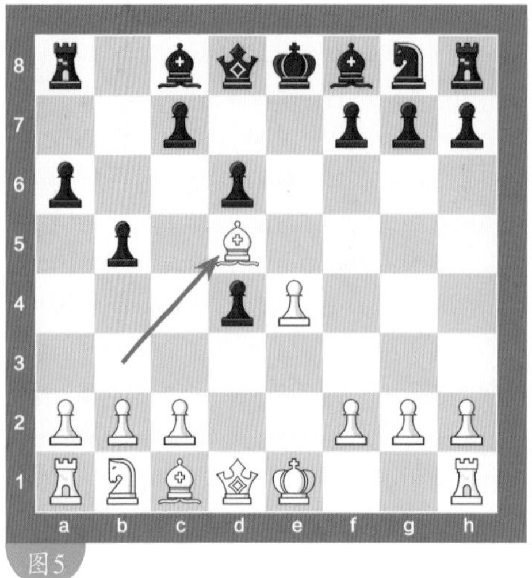
图5

因为象的价值比车低，所以黑方要考虑避开a8的车。接下来可能的变化如下。

3...车b8 4.后×d4 马f6 4.象c6+ 象d7 6.象×d7+后×d7

双方棋子数量相当，大概形成均势的局面。

要点2：把握交换棋子的行棋次序

棋局中的走法和行动具有连贯性，因此棋手不仅要思考最直接的下一步走法，还要学会思考几步棋之后的棋局变化。特别是关系到棋子交换问题，行棋的次序很重要。

再来看一个实战中出现的例子，现在轮到黑方走棋（图6）。

如果黑方选择1...e2，只想着自己的兵挺进升变，忽略了白方的兵同样可以升变，便会遭到2.f8后+，白方兵成功升变。

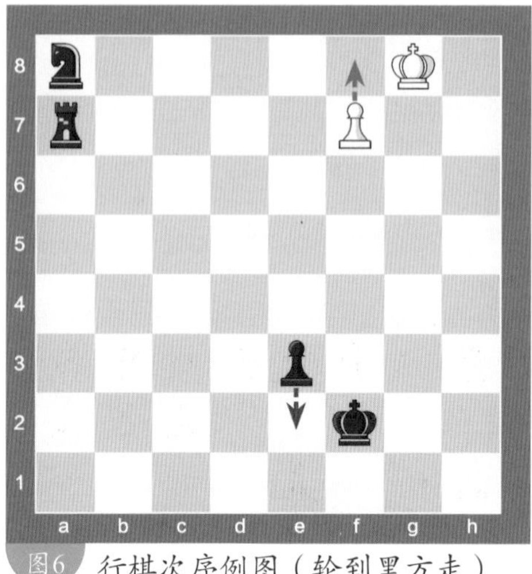
图6 行棋次序例图（轮到黑方走）

想一想：白方已经位于7线的兵还能用1分的价值来衡量吗？黑方用价值5分的车去与之交换吃亏吗？

答案是，不能把白方马上升变的兵看成价值1分的棋子，用价值5分的车换取马上“升值”为10分的白方7线兵是正确的决定。

现在黑棋走1...车×f7是一步好棋，经过2.王×f7 e2，黑方兵升变无法阻挡（图7）。

图7

课后练习

1 先摆棋，然后说一说图a中白方的交换走法和图b中黑方的交换走法是否合理。

图a 1.马×e4 象×g5 2.马×g5+

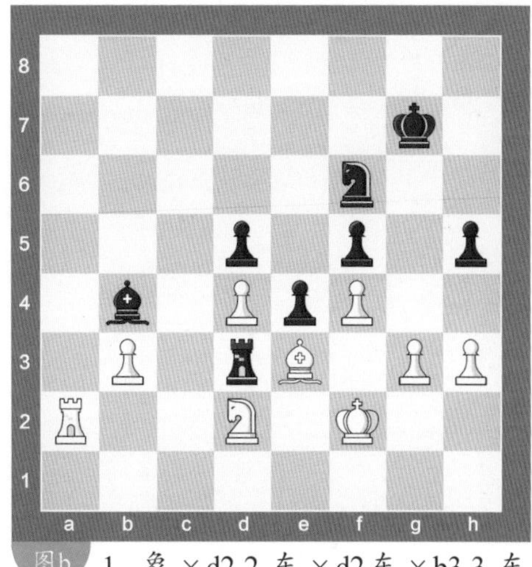
图b 1...象×d2 2.车×d2 车×b3 3.车c2 h4 4.g×h4 马h5 5.车c5 马×f4 6.象×f4 车f3+ 7.王e2 车×f4

2 练习摆棋，看看你摆出来的棋局是否与图c一样。

图c

1.e4 e5 2.象c4 象c5 3.后e2 后e7 4.f4 e×f4 5.马f3 g5 6.h4 f6 7.h×g5 f×g5 8.马c3 c6 9.d4 g4 10.马h4 象×d4 11.马f5 象×c3+ 12.b×c3 后f6 13.象×f4 后×c3+ 14.王f2 b5 15.象b3 a5 16.马d6+ 王d8 17.后×g4 马e7 18.马f7+ 王e8 19.后h5 后d4+ 20.王f3 后c3+ 21.王e2 车f8 22.马d6+ 王d8 23.后e8+ 车×e8 24.马f7#

白胜。

判断棋局的时候，双方棋子的数量和价值高低是非常重要的评价指标。不过，棋子的分值是一个参考指标，在棋局中，棋子处在不同的位置也会影响价值的变化，棋手要学会根据棋子所处的位置和威胁程度来评价棋子的价值高低，进而决定是否进行棋子交换。

第14课
棋手品行与修养

学习目标

1 了解对棋手品行和修养的基本要求

2 通过完成习题巩固棋艺知识

趣味小知识

细节见功夫

棋手在比赛中表现出来的实力不仅体现在走的每一步棋上，还反映在一些细微之处。例如，当一方棋手在局势相当的情况下提议和棋时，另一方棋手如果果断拒绝，展现出来的就是强烈的求胜心。有时候棋手虽然拒绝对手的提和，但表现得很迟疑，说明心里其实想接受，但是因为其他因素不得不接着战斗。由此可见，虽然同样是不接受和棋提议，但是如何拒绝，里面很有学问。

棋局记录也是棋手状态和情绪的佐证，了解棋手习惯的书写方式，观察棋手临场的记录字迹变化，便可以了解棋手心态。

本课内容

对局礼仪要求。

遵守下棋的规则。

知识讲解

 要点1：注重学习对局礼仪

国际象棋作为一项世界性的智力竞技项目，棋手不仅要学习棋艺知识，还要学习对局礼仪。下棋时要做到以下几点。

• 端正坐姿，安静下棋。坐在棋桌前摇晃身躯，不时起立走动，喃喃自语、搔首摸耳和制造噪声等行为，是不应该出现的。

• 举止干脆利落。玩棋子、轻率摸子、拍钟（完成着法启动对方棋钟时，用手猛烈地敲打钟键）、打棋（行棋时，把棋子重重打在棋盘上）等行为，应该予以克服和改正。

• 尊重对手。赛前和赛后应与对手握手，无论对局结果如何，都应保持友好态度。在条件许可的情况下，对局结束后两名棋手可以到对局分析室或其他地方一起复盘，分享思路，增进交流。

要点2：严格遵守规则

国际象棋对局有棋子走法和胜负判定的要求，同时对于可能触及比赛规则的行为也有明确的要求。一名合格的棋手无意出现违反规则要求的行为时，应该及时改正，做到严格遵守规则，公平竞赛。

- 如果在对局中，一个或更多的棋子因偶然因素被移动过，而且重新放置时没有摆正确，应将棋局恢复到错位前的状态，然后继续对局。

- 如果在对局中发现棋子的初始位置摆错了，对局应作废，重新开始。

- 对局开始后发现双方棋子的颜色颠倒，如果此时赛时已过第一时限所规定的四分之一，对局应继续进行；如果未逾四分之一，在不对比赛时间表构成严重干扰的前提下，裁判可以重新安排对局。

- 国际象棋行棋规则规定，行棋方不准走造成或允许己方王处于被将军状态的着法。也就是说，当一方将军时，另一方不能置之不理，也不能主动把王送给对方吃，否则就判被将军或主动送王这一方违例一次，并重新走其他合乎规则的着法，若第三次违例，即判输棋。

要点3：落棋无悔

摸子动子、落子无悔是对一名棋手基本的要求。棋手不应存侥幸心理，不应做出违规的行为，想成为高手要靠真本事。

规则要求，走棋时一方的手离开走动的棋子后，这步棋就算完成了，不准悔棋再把棋子挪到别的格子上。不过，如果走棋方的手还没有离开棋子，则允许把这个棋子走到棋盘上的其他格子里。

课后练习

1 在你认为正确的选项中打“√”。

1.1 看到棋盘上的某个棋子摆歪了，棋手想把它摆好，并不想走动它。这时，棋手触摸棋子之前向对手声明“摆正”，然后再把这个棋子摆好，就可以不走动这个棋子。

这样做可以吗？（　）可以　　（　）不可以

1.2 只要棋手的手触摸到棋子，不管是自己的棋子还是对方的棋子，也不管这步棋的效果是好还是坏，棋手都要用触摸到的第一个棋子，按照符合规则的走法走下一步棋。

这样的说法正确吗？（　）正确　（　）不正确

2 在你认为正确的选项中打“√”。

2.1 三次重复和棋指的是相同局面第三次重复（不一定是连续的）出现，并且每次都轮到同一方走棋，就可以直接宣布和棋。

这样的说法正确吗？（　）正确　（　）不正确

2.2 下棋过程中发现自己刚刚走了一步不好的棋，可以拿回来重新走。

这样的说法正确吗？（　）正确　（　）不正确

3 练习摆棋谱，看看你摆出来的棋局是否与图 a~图 i 一样。

对局①

1.e4 d5 2.e5 象 f5 3.g4 象 g6 4.h4 h5 5. 马 h3 后 d7 6. 马 f4 象 f7 7.g5 后 f5 8.d4 后 e4+（图 a）

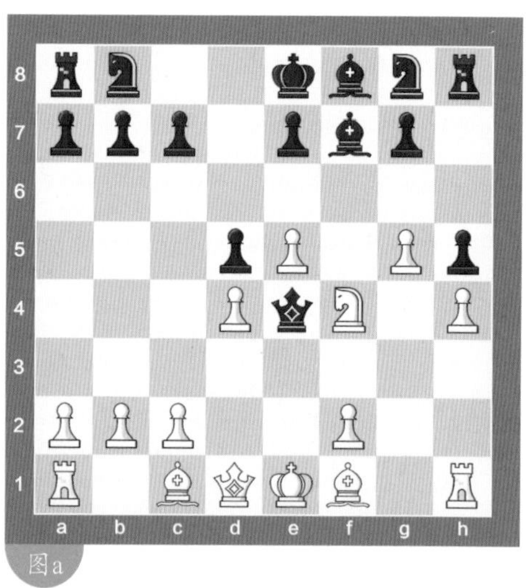

图a

9. 后 e2 后 ×h1 10.g6 e6（图 b）

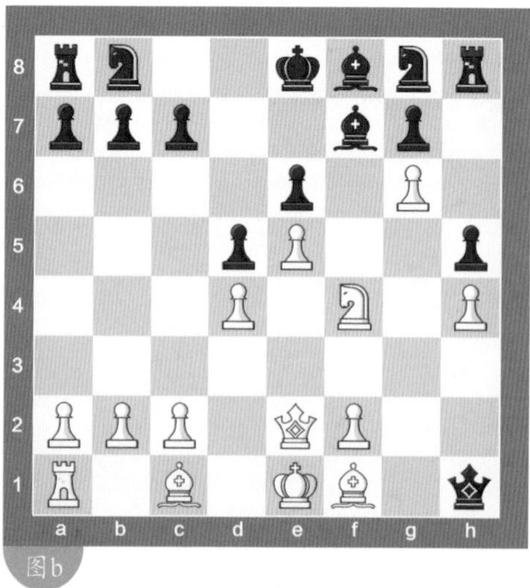

图b

11.后b5+马d7 12.g×f7+王d8 13.f×g=后 车 ×g8（图c）

14.马 ×e6+王c8 15.象e3后 ×h4 16.后 ×d5 象e7（图d）

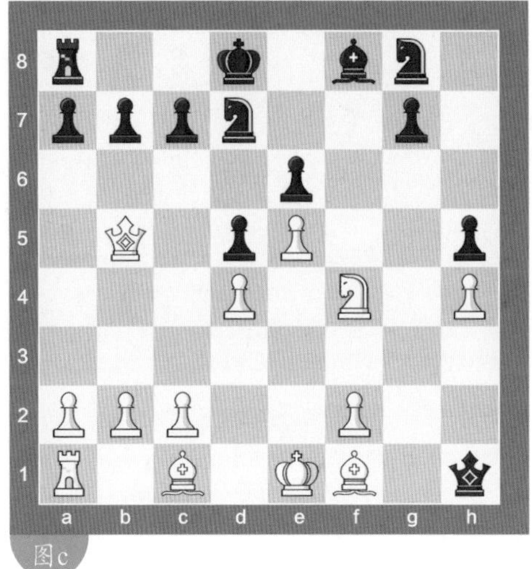

图c

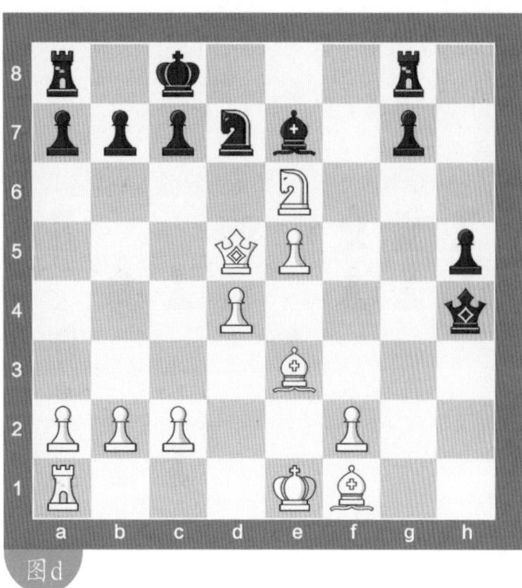

图d

17.象a6 车b8 18.后c6 象d8 19.象g5（图e）

黑方认输，白方胜。

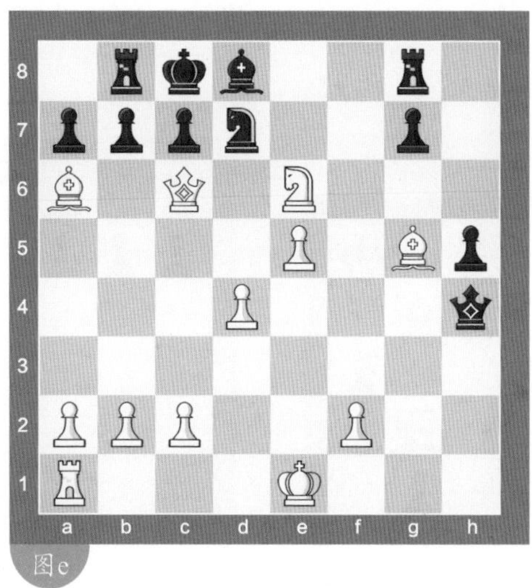

图e

对局②

1.e4 e5 2.f4 e×f4 3.马f3 g5 4.象c4 象g7 5.c3 后e7 6.d4 d6 7.0–0 h5 8.h4 g4 9.马g5 马h6（图f）

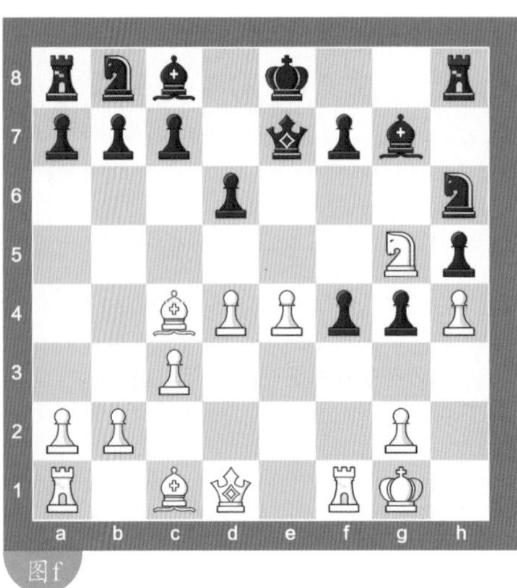
图f

10.象×f4 0–0 11.后b3 马c6 12.象d2 马d8 13.后c2 王h8 14.车ae1 马e6（图g）

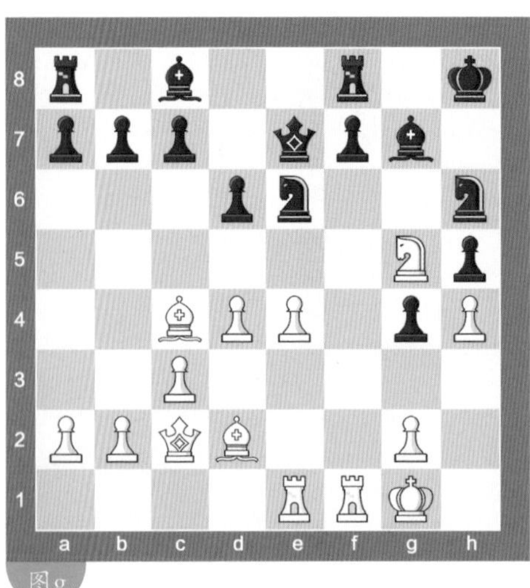
图g

15.e5 马×g5 16.h×g5 马g8 17.e×d6 后×d6（图h）

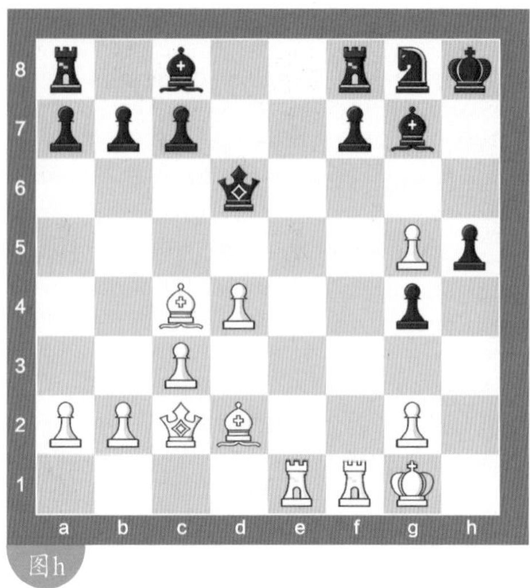
图h

18.象×f7 后c6 19.d5 后d7 20.后g6 马e7 21.后×h5+ 象h6 22.象×h6#（图i）

白胜。

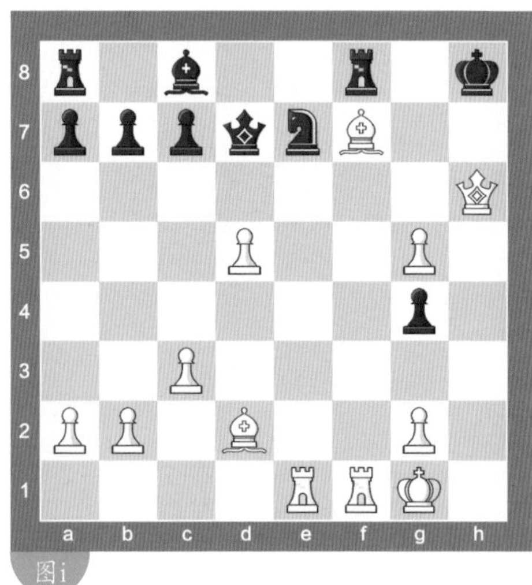
图i

冠军课堂

要想成为一名高水平的棋手，首先需要具备良好的品行与修养，这样才能在下棋的过程中得到良好的锻炼，令下棋成为修炼个人品行的健康活动。国际象棋规则要求，摸子动子，落棋无悔。

第15课
赛时与比赛规则

学习目标

1 了解比赛用时和常见的比赛规则

2 通过完成习题巩固棋艺知识

趣味小知识

教练与助手

教练是对棋手成长产生重要影响的角色，棋手在不同阶段可能会与不同的教练合作，很少有棋手是一个人作战的。在备赛和参赛过程中，棋手会精心组建实力强劲的教练和助手团队。有别于教练的工作，助手的主要工作是辅助棋手提升棋艺和处理日常事务。有了教练助手提供的针对性强的技术准备和模拟训练，棋手的棋艺不仅不会被局限于自己原有的知识储备，还能汲取集体的力量。

本课内容

棋钟的使用与比赛用时。

常见的比赛规则要求。

知识讲解

比赛的时间是通过棋钟来控制的，合理使用棋钟，才能在规定时间内想出最佳的走棋方案。

要点1：了解棋钟的功能

棋钟即棋赛计时钟，用来计量棋手走棋所用时间。它由两个钟面组成，有联动控制的装置，关停其中一个，另一个会自行启动。

棋钟分为机械棋钟（图1、图2）和电子棋钟（图3）两种，现在比赛中运用的棋钟通常是电子棋钟，采用倒计时方式，时限一到，钟面的表盘就会出现相应的标示记号。

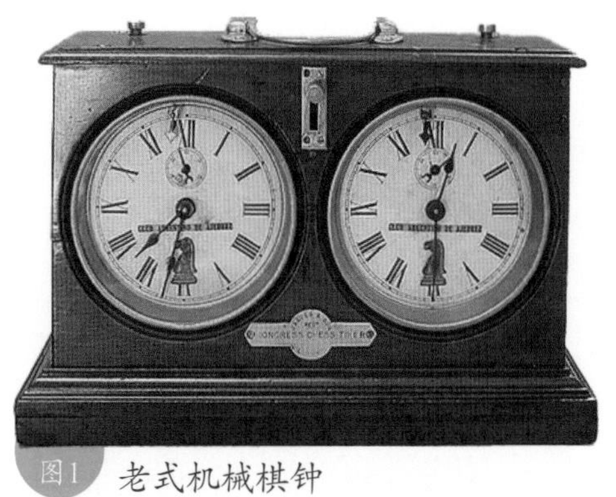
图1 老式机械棋钟

图2 新式机械棋钟

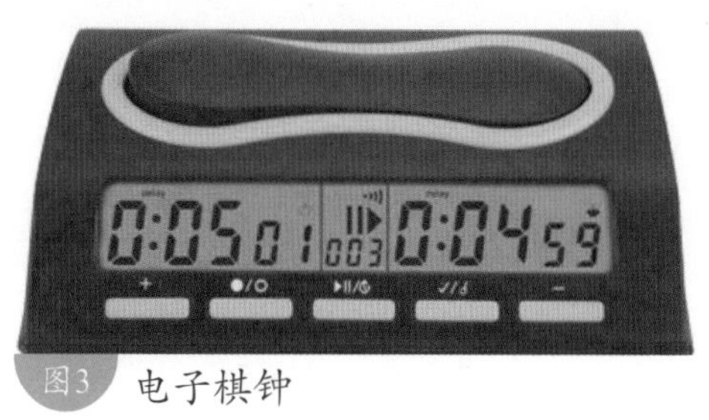

图3 电子棋钟

要点2：学会使用棋钟

到了比赛规定的时间，应开启白方棋钟，开始计算白方的用时。在对局中，每方在走棋以后应按停己方棋钟，对方棋钟相应开启。

注意：采用棋钟计时下棋，在自己走棋之后要记得按钟。与此同时，不要忘记做对局记录。不然，自己的时间一点点消耗，规定时间内没有走完限定的步数，会被判定对方胜利。

要点3：常见的比赛规则

国际象棋规则中对棋手比赛时的行为有不少明确的要求，例如：

- 对局时棋手不得借助任何笔记、信息资料、别人的建议或在另一个棋盘上进行分析；
- 棋手不允许离开比赛区域，除非得到裁判允许；
- 禁止以任何方式干扰对方或分散对方的注意力；
- 违反国际象棋规则者判负等。

课后练习

1 复习本课提及的常见比赛规则，通过更多渠道了解更多国际象棋规则，做到熟记规则，遵守规则。

2 找合适的对手进行实战较量，并将自己满意的一局棋写在下表空白处。

白方棋手：		黑方棋手：
对局时间：		对局地点：
回合	白方	黑方
1		
2		
3		
4		
5		
6		
7		
8		
9		
10		

3 练习摆棋谱，看看你摆出来的棋局是否与图a~图h一样。

对局①

1.e4 e5 2.f4 马c6 3. 马f3 象c5 4.c3 f6 5.d4 象b6 6.d5 马b8（图a）

7.f5 d6 8. 象d3 c6 9.c4 象a5+ 10. 象d2b5（图b）

图a

图b

11.c×b5 c×d5 12.e×d5 马e7 13.马h4 象b7 14.后a4 象b6 15.象e4 马×d5（图c）
16.象b4 马d7 17.象×d6 象c5 18.车d1 马7b6（图d）
白方认输，黑方胜。

图c

图d

对局②

1. e4 e5 2. 马f3 马c6 3. 象c4 象c5 4. 0−0 d6 5. b4 象×b4 6. c3 象a5 7. d4 象g4（图e）

8. 后b3 后d7 9. 马g5 马d8 10. d×e5 d×e5（图f）

图e

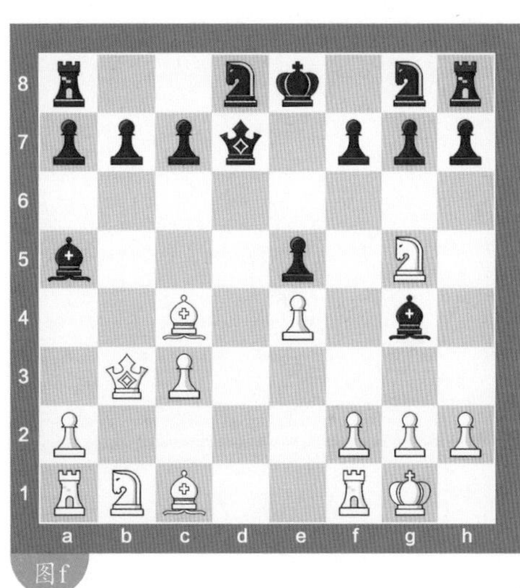
图f

11. 象 a3 马 h6 12. f3 象 b6+ 13. 王 h1 象 h5 14. 车 d1 后 c8 15. 车 ×d8+ 后 ×d8（图 g）

16. 马 ×f7 后 h4 17. 后 b5+c6 18. 后 ×e5+ 王 d7 19. 后 e6+ 王 c7 20. 象 d6#（图 h）白胜。

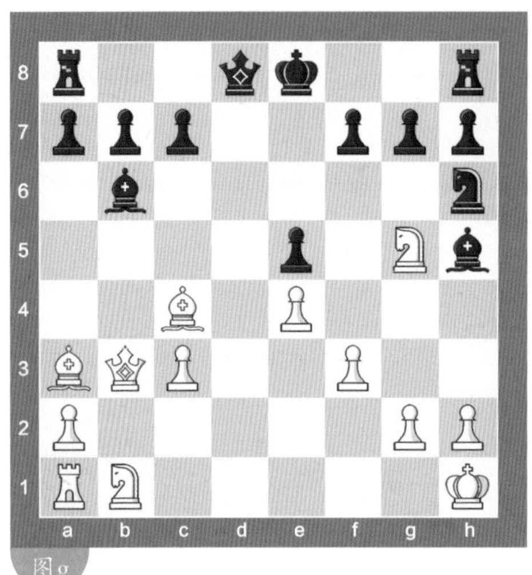
图g

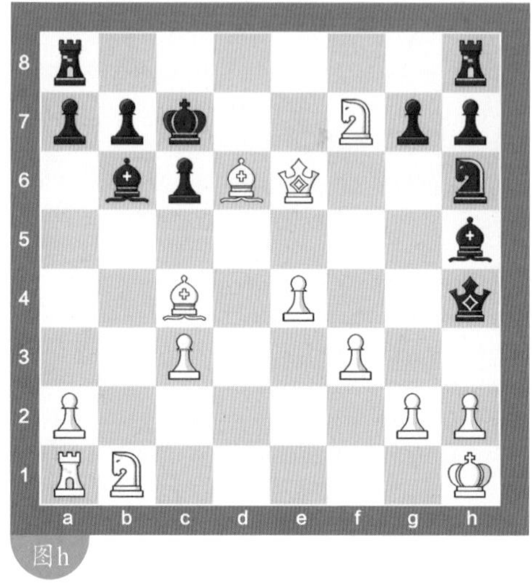
图h

冠军课堂

合理使用赛时是高水平棋手的基本功。棋手学会使用棋钟需要一些时间，容易出现急躁情绪。此外，按下棋钟的时候容易出声响，对方感到时间紧张了就容易冒险走棋。

第16课
比赛类型与
等级称号

学习目标

1. 了解获取等级称号的途径与标准
2. 了解不同比赛类型的区别
3. 通过完成习题巩固棋艺知识

趣味小知识

自古英雄出少年

世界国际象棋冠军赛自1886年开创到1986年，100年间共产生了13名男子世界冠军，这些冠军当中学棋最早，被公认为天才少年的是第三位男子世界冠军卡帕布兰卡，这位来自古巴的棋手在4岁时无师自通，指出父亲赢棋走了不符合规则的着法。父亲感发现了卡帕布兰卡的棋艺才华，带他到哈瓦那的国际象棋俱乐部学习，卡帕布兰卡从此开始了棋艺之旅，之后名扬棋坛。

在高科技时代，有了人工智能的先进辅助训练手段和快捷的资讯交流，越来越多的少年棋手在棋坛赢取佳绩。下一个，可能就是你！

本课内容

获取棋手等级称号的途径。

正式比赛、盲棋与指导棋、车轮战与表演赛相关知识。

知识讲解

要点1：了解国际等级称号的名称

世界国际象棋联合会（简称国际棋联）规定，国际象棋选手的等级称号分别为：

- 国际特级大师，国际大师，棋联大师（国际称号，从高至低）。

中国国际象棋协会负责我国的棋手等级称号授予，我国的棋手等级称号为：

- 国家特级大师，国家大师，棋协大师，一级棋手，二级棋手，三级棋手（国内称号，从高至低）。

个别城市还制定了本区域内的棋手技术等级称号，一般以“棋士”命名。

另外，还有教练员等级和裁判员等级

制度，教练员、裁判员的等级称号分别为：

• 国际资深教练，国家级教练，高级教练，中级教练，初级教练（从高至低）；

• 裁判员的技术等级分为国际级，国家级，一级，二级，三级（从高至低）。

要点2：了解比赛类型

国际象棋比赛根据比赛形式区分，主要有团体锦标赛、个人锦标赛、邀请赛、分龄组比赛（少年儿童）、青年赛、老年赛、公开赛、对抗赛、快棋赛、盲棋赛等。除了顶级职业棋手参加的少数比赛之外（如世界团体锦标赛、个人锦标赛），广大棋迷都可以参与其中。近年来，互联网的普及为国际象棋赛事的宣传推广起到了重要的作用，通过网络平台举办的赛事活动也逐渐增多。

课后练习

1 复习第1~16课的知识，重新学习自己感到还没有完全理解的内容。

2 尝试用棋钟计时，记录对局，说一说自己的体会。

3 练习摆棋谱，看看你摆出来的棋局是否与图a~图f一样。

对局①

1.d4 c6 2.c4 d5 3.c×d5 c×d5 4.马c3 马c6 5.马f3 马f6 6.象f4 象f5 7.e3 e6 8.象d3 象×d3 9.后×d3 象d6 10.象×d6 后×d6（图a）

11.0–0 0–0 12.车fc1 车fc8 13.马a4 e5 14.d×e5 马×e5 15.马×e5 后×e5（图b）

图a

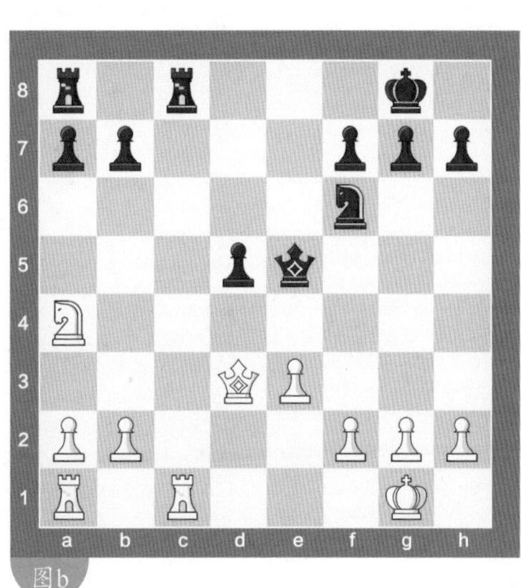

图b

16.h3 后 e4 17. 后 ×e4 d×e4 18. 车 ×c8+ 车 ×c8（图 c）

19. 马 c3 车 d8 20. 车 d1 车 ×d1+21. 马 ×d1（图 d）

对局至此，双方同意和棋。

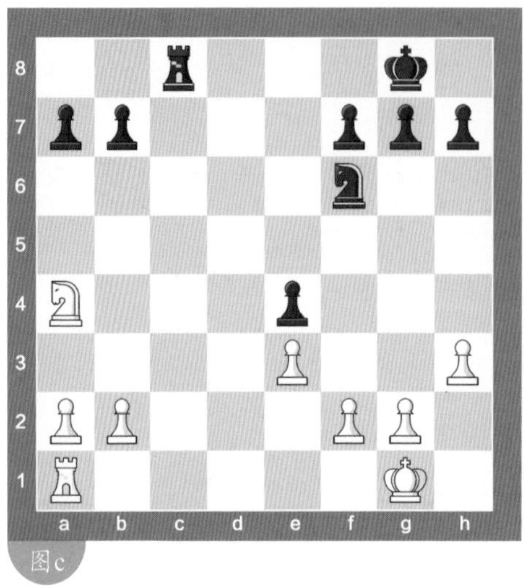

图c

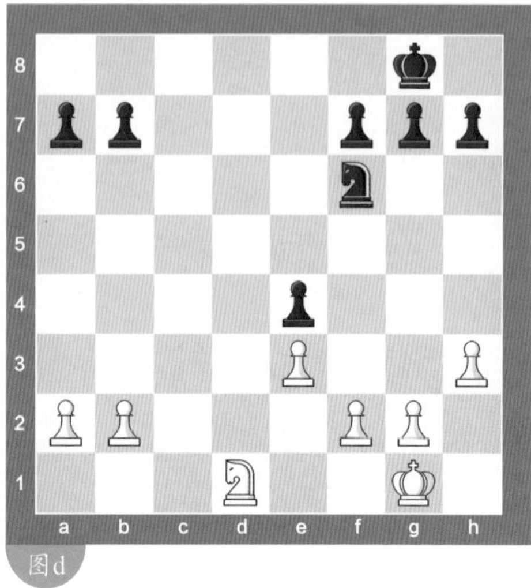

图d

对局②

1.d4 d5 2.c4 c6 3. 马 c3 马 f6 4.c×d5 c×d5 5. 马 f3 马 c6 6. 象 f4 马 h5 7. 象 d2 马 f6 8. 象 f4 象 f5 9.e3 e6 10. 象 d3 象 ×d3（图 e）

图e

11.后×d3 象d6 12.象×d6 后×d6 13.0–0 0–0 14.车fc1 车fc8 15.h3 h6 16.a3 a6 17.马a4 马d7 18.马c5 马×c5 19.车×c5 马e7 20.车ac1 车×c5 21.车×c5 车c8 22.车×c8+ 马×c8（图f）

对局至此，双方同意和棋。

图f

4 练习自己做记录，将自己的一盘对局记录写在下方的表格中。

白方棋手：		黑方棋手：
对局时间：		对局地点：
回合	白方	黑方
1		
2		
3		
4		
5		
6		
7		
8		
9		
10		

从棋士到大师，从棋艺爱好者到棋手的成长道路当中，棋艺水平有时进步很快，有时停滞不前。下棋有助于磨炼性格，要有争取胜利的信心和勇气，一时遇到困难，不要急。

答案

第1课

3. 不是。国际象棋的棋盘必须是正方形，由深浅相间的64格构成。

第3课

2. 白方棋子可以走到的格子：

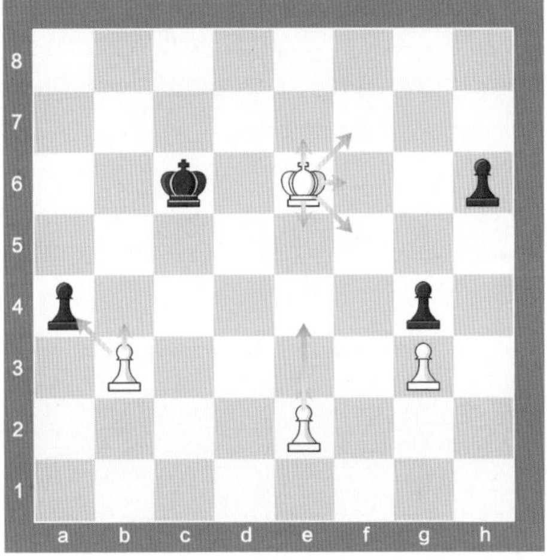

黑方棋子可以走到的格子：

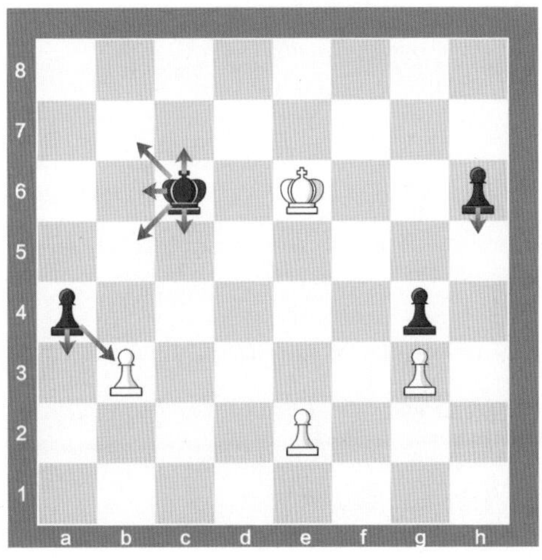

3.

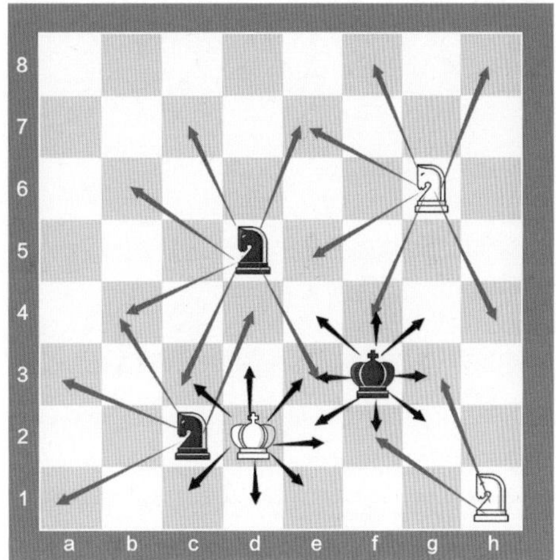

第5课

2. 白方兵可能的升变走法：

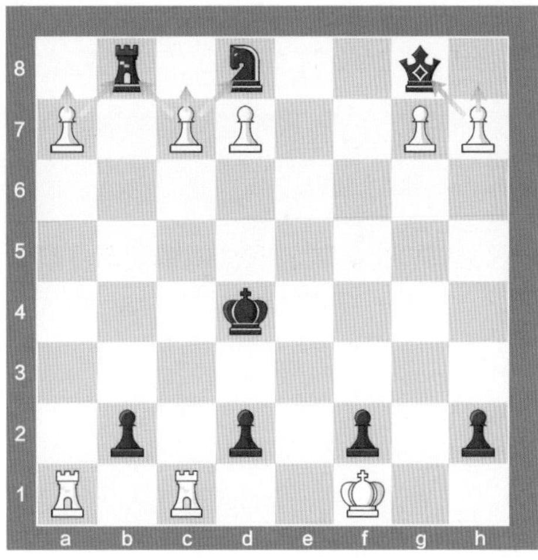

黑方兵可能的升变走法：

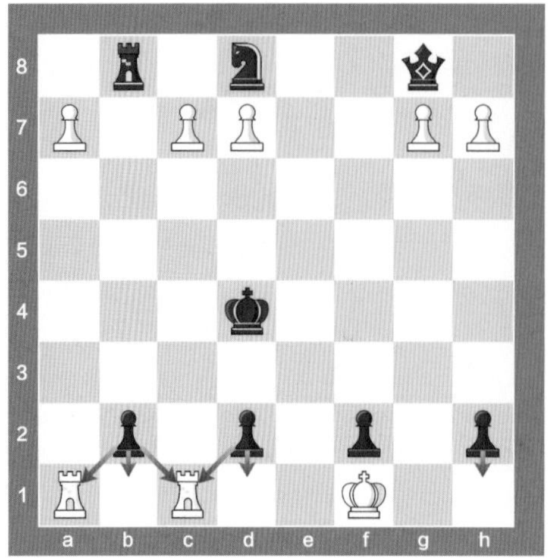

3.

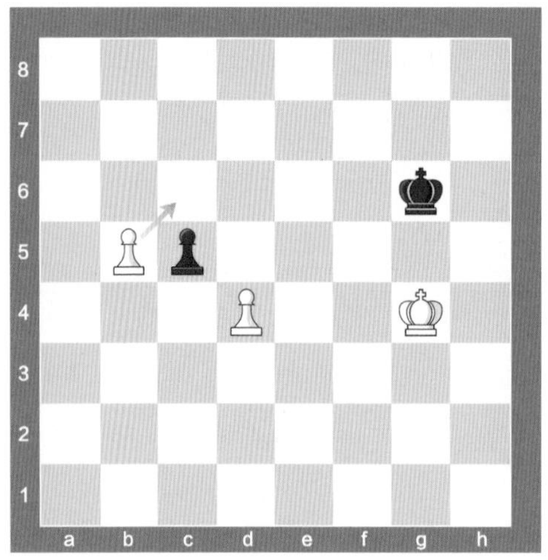

4.d5 兵和 f5 兵

第6课

2. 图 d：白王只能短易位，不能长易位。

白王与 h1 车之间的所有位置都是空的，且白王与 h1 车都没有走动过，白王短易位时和易位后都没有处于被对方将军的状态，且王经过的格子也没有被对方控制，因此可以短易位。白王不能长易位，因为白王与 a1 车之间有其他棋子。

图 e: 白王既不能短易位，也不能长易位。白王长易位的线路上有己方棋子阻挡，而长易位的线路上，经过的格子被黑车占住。

图 f: 白方只能短易位,不能长易位。

白王与 h1 车之间的所有位置都是空的，且白王与 h1 车都没有走动过，白王短易位时和易位后都没有处于被对方将军的状态，且王经过的格子也没有被对方控制，因此可以短易位。

b1 车移动过位置，不符合王车易位的条件，因此不能长易位。

第7课

1. 不能，若黑方用象吃掉白后，则黑王将处于被白车攻击的状态，即被白方将军。

2.3 种方法。

消将：1... 象 ×h5

垫将：1...g6 1... 车 g6

避将：1... 王 d8 1... 王 f8 1... 王 d7 1... 王 e7

第8课

1. 1　1. 车 b8#

1.2 1. 马 f6#

1.3 1. 象 d5#

1.4 1.d5#

2.

图 e: 不是，黑方可以应对 1... 马 xd5

图 f: 是

图 g: 不是，黑方可以应对 1... 马 xf5

第9课

1.1 白方重复 1. 车 b8+ 和车 b7+，可以实现长将和棋。

1.2 白方重复 1. 马 c7+ 和马 a6+，可以实现长将和棋。

1.3 白方重复 1. 后 e8+ 和后 b5+，可以实现长将和棋。

2.

图 d: 不是，白方的兵可能升变成为其它棋子

图 e: 是

图 f: 是

第10课

图 a: 是

图 b: 不是，黑方可以走王到 h6 或走兵到 h6

图 c: 不是，黑方可以走马吃 d4 兵

图 d: 是

第11课

棋子	白（图a）	黑（图a）	白（图b）	黑（图b）	白（图c）	黑（图c）	白（图d）	黑（图d）
后	1	1	1	1	1	1	1	1
车	2	2	2	2	2	2	1	1
象	1	0	2	2	1	0	2	1
马	0	1	1	1	0	1	1	2
兵	6	6	6	7	4	4	7	7
王	1	1	1	1	1	1	1	1

第12课

1. 按照后 10 分、车 5 分、象 3 分、马 3 分、兵 1 分、王无价的标准连线。

2.

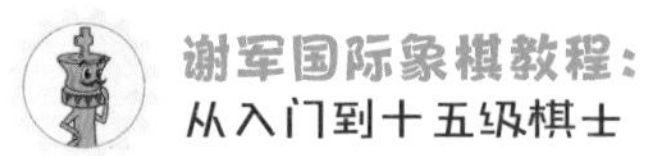

棋子	白方分值	黑方分值	棋子数量占优方	
后	10	10	白方总分值（32）	黑方总分值（33）
车	10	10		
马	3	6		
象	6	3		
兵	3	4		

白方占优，暂时子力数量黑方占优，白方可以通过 1. 车 ×h6 马 ×h6 2. 象 c7+ 王 ×c7 3. 后 ×f6 的走法，形成下图，获得棋子数量的优势。

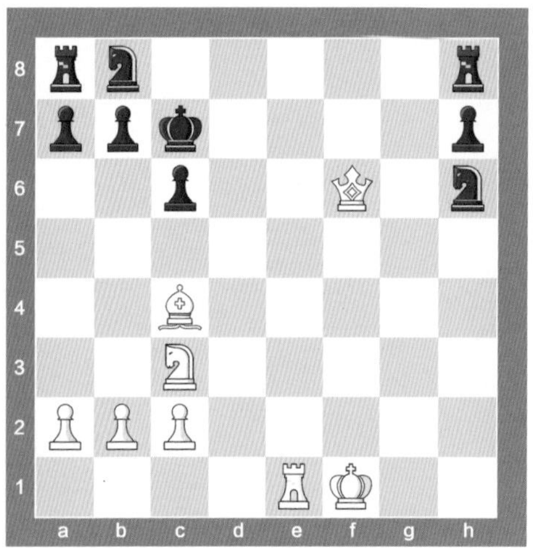

3. 黑优。黑方棋子数量占优，双方的王位置都不好。

第13课

1.

图 a: 合理，最佳变化，获得子力交换优势。

图 b: 合理，最佳变化，获得子力交换优势。

第14课

1.1 可以

1.2 可以

2.1 不正确，轮到走棋的一方应该首先提出要求判定和棋，经裁判审查后如情况正确无误才能宣布和棋。

2.2 不正确，悔棋的行为是国际象棋比赛规则中不允许的。

棋子	白方分值	黑方分值	棋子数量占优方	
后	10	10	白方总分值（27）	黑方总分值（33）
车	5	5		
马	6	6		
象	0	6		
兵	6	6		